사랑과 지혜를 나누기를 소망하며

_____님께 드립니다.

엣지있는 엄마가 반한

45가지 코칭가이드

엣지있는 엄마가 반한
45가지 코칭가이드

David Miskimin · Jack Stewart 지음
이소희 · 박성은 옮김

북허브

옮긴이의 글

이 책은 여느 코칭 책과 다른, 아주 독특한 코칭 책입니다. 책을 읽자마자 바로 아이를 부여잡고 코칭을 하고, 그래서 반짝하는 효과를 금방 보게 만드는 그런 책과는 좀 거리가 있습니다. 자칭 코칭 전문가이자, 이 책을 옮긴 저만 보더라도 특별한 느낌이 들게 하는 그런 책입니다.

이 책을 들고 아이한테로 바로 달려가기보다, 다소 느린 완행열차나 시골 버스를 타고 강이나 바다가 보이는 조용한 곳이나 한적한 들판이나 과수원으로 가서 사랑하는 나의 아이들을 생각하며 솔로(solo)코칭을 하고 싶은 마음이 더했습니다. 가을바람을 맞으며 이야기하고, 뭉게구름을 바라보며 이야기하고, 탐스러운 과일을 보며 이야기하고… 그리고 싶어졌습니다.

여행조차 가기가 어려우면 그냥 책을 들고 식탁에 앉아 커피를 마시며 편안히 읽어 내려갔으면 좋겠습니다. 아니면 요즘 흔하디 흔한 카폐를 찾겠습니다.

저녁나절이 되기 전, 해가 저문 후, 별밤을 맞을 때… 시시각각으로 들어오는 아이들을 반가이 맞으면서 편안한 대화를 시작했으면 좋겠습니다.

"오늘, 네가 학교에 간 다음 네 방에서 잠깐 너의 냄새를 맡았단다. 감사함이 물밀 듯이 밀려와 눈물이 날 뻔했지…."

"오늘 점심시간엔 동료들과 함께 먹지 않고 책상에서 너와 먹었단다. 네 생각을 하며…. 삶의 의미가 진하게 다가오고… 행복했단다. 너의 엄마라는 생각에 한없이…."

그리고 살포시 안아 주고, "오늘은 오늘이고 내일은 또 다른 해가 뜬단다. 오늘 어떻게 마무리를 했으면 좋겠니? 엄마가 무엇을 도와주면 좋겠니? 어떤 내일을 맞이했으면 좋겠니?"라고 눈으로 말하고 싶습니다.

이 책에 자주 등장하는 질문을 천천히 하며 아이들이 간만에 아름다운 휴식을 취하도록 배려했으면 좋겠습니다.

늘 지지해 주시는 박찬후 사장님, 감사합니다. 또 이런 책을 내겠다고 부탁해도 들어주실 거죠?

번역을 도와준, 사랑하는 제자 박성은. 보고 있지 않아도 보고 있는 듯한 생각에 마냥 행복해져. 고마워! 학자로서, 코치로서 너의 멋진 성장을 확신해!

천륜인 엄마와 아이가 한 번뿐인 이 삶을 정말 의미 있게 보냈으면 좋겠습니다. 코칭이 힘이 되어 줄 거예요. 사랑과 지혜의 대화이니까요.

이 책의 저자와 같이 하나님도 축복해 주시리라 믿습니다.

언제나 한마음으로 저를 사랑하고 응원해 주는 가족과 제자들에게 감사드립니다.

첫 외손녀 박루디아가 태어난 날

2012년 10월 5일

이소희

"마땅히 행할 길을 아이에게 가르쳐라.
그리하면 늙어도 그것을 떠나지 않으리라."

잠언 22장 6절

감사의 글

　나의 주요한 신념 중 하나는 "모든 것은 가치 있다"는 것입니다. 우리가 무엇을 하건 하지 않건 그것은 영향력을 가지고 있습니다. 그러므로 이 책의 집필에 사용된 자료와 영감은 다양한 사람들과 문헌 자료에서 비롯되었습니다. 만약 누군가의 이름이 언급되지 않아 서운하다면 용서해 주시기 바랍니다.

　내가 11 플러스 시험[1]에서 불합격했을 때 선생님들은 어떻게 이런 일이 일어날 수 있냐며 아주 길고 지루한 조사를 했습니다. 가장 친한 친구가 간신히 (내가 떨어진) 그 초등학교에 들어가는 바람에 그 친구와 나는 헤어지게 되었고, 우리 둘은 무척 실망했습니다. 내가 이런 얘기를 하는 것을 그가 이해해 주리라 믿습니다. 몇 해 동안 그는 반의 밑바닥에서 헤맸고, 반면에 나는 늘 반에서 3등 안에 들었다는 것을요. 이때 나는 '실패'는 우리가 경험을 어떻게 해석하는가에 달렸다는 것을

---

1 옮긴이 : 영국에서 11~12세 학생들이 보는 시험

배울 수 있었습니다. 콤리(Comrie) 선생님은 말뿐만이 아닌 목표와 최종 성취에 대한 기대가 강력한 동기를 부여해 준다는 것을 직접 보여 주신 분으로서 나에게 영감을 주었습니다. 나의 마지막 GCE 시험[2] 결과는 그분이 예견한 대로였습니다!

부모님 그리고 형제자매인 존(John)과 캐런(Karen)은 아이디어와 여러 참고 자료를 제공해 주었습니다. 그들은 언제나 자기 일처럼 자신들이 아는 것을 가지고 최선을 다해 주었습니다. 켄 메이슨(Ken Mason)을 비롯하여 지난 수년간 특별히 큰 사랑을 주며 한없는 지혜와 지지를 통해 그들의 역할을 다해 주었던 친구들과 이웃들에게 감사를 전합니다. 언제나 나를 믿어 주고 부모로서, 남편으로서, 코치로서 성장하는 데 큰 도움을 준 한 나의 아내 로라(Laura). 우리의 딸 니콜(Nicole)과 앤-마리(Anne-Marie)는 기꺼이 코치이[3]로서의 학생이 되어 주었습니다. 또한 딸들은 적절한 때에 내가 무엇을 잘못하고 있는지 깨우쳐 주는 데 탁월했습니다. 손자인 마커스(Marcus)와 에이든(Aiden)은 현실 세계에서 어린이와 어른이 어떻게 상호 작용하는지 지속적으로 알려 주고, 나로 하여금 그 관계 속에 존재하도록 해 주었습니다.

개인적인 목표를 달성하기 위해 가졌던 International Consultant on Personal Motivation과 The Pacific Institute의 공동 설립자 류 타이스

---

2 옮긴이 : 영국 및 영연방 국가의 대학이나 고등교육 기관, 군사 학교 등에 입학할 때 학생의 학문적 성취도를 확인하는 시험
3 옮긴이 : 이 책에서는 코칭하는 사람을 코치(coach), 코칭받는 사람을 코치이(coachee)라고 표기했습니다.

(Lou Tice)와의 일대일 만남은 매우 감명 깊었으며 내 삶을 변화시키는 사건이었습니다. "고마워요, 류. 당신은 백만 명 중에 한 명 있을까 말까 한 아주 특별한 사람이에요!"

나의 놀라운 비밀을 밝히자면, 몇 해 동안 수백 명의 코치이들이 엄청난 성과를 내고 있습니다. 그들은 마침내 극복한 난제를 통한 멋진 경험을 나와 공유하게 해 줌으로써 나 역시 그들이 경험한 성취감과 성장을 경험하고 있습니다. 말하자면 잭(Jack)이 꼭 필요한 순간 내 삶에 들어온 것과 같은 것입니다. 당신과 함께 이 책을 집필한 경험을 나는 언제나 기억할 것입니다. 흥분, 당황, 즐거움, 짜증, 새로운 깨달음, 실망, 그리고 최고의 성취. 잭만큼 나와 잘 맞는 사람은 아마 없을 것이라고 생각합니다.

끝으로, 여러 출판사들과 함께 일해 본 저자로서 우리 두 사람은 Bookshaker.com에 감사드립니다. 융통성 있고 창의적이며 전문적인 능력, 지칠 줄 모르는 노력에 감사드립니다. 여러분 모두 정말 잘 해 주셨습니다. 수고 많으셨어요!

데이비드 미스키민(David Miskimin)

나에게 의미 있는 모든 분들과 아직 그렇지 않은 분들 모두 내게 영향을 주었습니다. 그래서 이 책과 가장 관련된 여러분을 아래에 적었습니다. 지금은 이 세상에 계시지 않은 부모님은 입양의 비밀을 품고 내게 사랑의 힘을 가르쳐 주셨습니다. 계속해서 그 가르침을 내게 알려 준 사랑스러운 아내 앤(Anne)에게는 영원히 감사할 것입니다. 모범적인 부모가 되어 준 두 의붓딸 캐런(Karen)과 재닛(Janet)에게도 고마움을 전합니다.

백만 명 중에 한 명 있을 법한 밥 스팔렉(Bob Szpalek) 교장 선생님, 그리고 그의 달라스턴 커뮤니티 학교(Darlaston Community School) 학생들. 교육학자 마크 리슨(Mark Leeson), 맬컴 래틀리지(Malcolm Ratledge), 터리서 파우니(Theresa Powney). 우리가 그들의 훌륭한 학교의 학부모들을 만날 수 있게 해 주신 키스 그린우드(Keith Greenwood)와 크리스 울펜든(Chris Wolfenden).

월솔 지역 교육국(Walsall LEA)의 문을 열어 준 팀(Tim)과 캐럴 하워드(Carol Howard), 렌 블러드(Len Blood), 닉 풀리(Nick Poole), 그리고 완벽한 사업 파트너 제프 모런(Jeff Moran)의 지지와 후원에 감사드립니다.

마지막으로, 세상을 더 나은 곳으로 만드는 NLP 트레이너인 프랭크 벤틀리(Frank Bentley), 피터 맥냅(Peter McNab), 로버트 맥도널드(Robert McDonald), 스티브 안드레아스(Steve Andreas), 코니레이 안드레아스(Connirae Andreas), 페니 톰킨스(Penny Tompkins), 제임스 롤리(James Lawley)에게 감사의 말을 전합니다.

데이비드와 나는 교육의 '성공'과 '실패'에 대한 복합적인 견해를 가지고 있습니다. 그리고 아마도 너무 충분한 자격을 가졌음에도 불구하고 60대 후반의 내가 다시 선로에 설 수 있도록 도와주신 에릭 리들(Eric Liddle) 선생님과 찰리 파커(Charlie Parker) 선생님에게 감사드립니다.

　데이비드 미스키민은 하루하루의 삶을 통해 따뜻하고 진실한 모습을 보여 주었습니다. 그는 리버풀의 평생 서포터인 나에게 알렉스 퍼거슨의 책, 『무한 인생 경영(Managing My Life)』을 읽도록 설득했습니다. 세계적 수준의 라포(rapport) 형성 기술은 인간 존재의 경이로움에서 비롯됩니다.

잭 스튜어트(Jack Stewart)

머리말

　수년 동안 코치로 그리고 코치들을 훈련시키는 트레이너로 일하면서, 전 세계를 돌며 수많은 코치들과 학생들을 만나 함께 일할 수 있는 기회가 주어진 것을 영광스럽게 생각합니다. 그들로부터 코칭 사역에 대해 의미 있는 피드백을 들었을 때, 크나큰 만족과 희열을 느꼈습니다.

　나는 일에 있어서 비교적 성공한 사람이지만 우리의 삶에는 일에서의 성공을 넘어서는 더욱 중요한 것이 있다고 생각합니다. 즉 나는 일에서 성공한 것뿐 아니라, 세 아들이 나를 자랑스러운 아버지라고 생각해서 더욱 행복합니다. 그러나 내가 가진 모든 '기술(skill)'이나 경험이 나를 부모가 되도록 충분히 준비시켜 준 것은 아닙니다.

　부모인 당신에게 일어날 엄청난 변화를 완벽하게 준비해 줄 수 있는 사람은 아무도 없습니다. 아내와 내가 아이 없이 둘뿐이었을 때는 매우 달랐습니다. 그러다가 첫아이가 생겼는데, 갓난아기일 때는 그럭저럭 괜찮았지만 아이가 걷고 말을 하게 되고 성격이 발달하면서 나의 너그러움도 변하기 시작했지요. 우리 가족의 모든 역동은 변화되고 관계는 더 복잡해졌으며 생각해야 할 문제도 너무나 많아졌습니다.

세 아들이 15세, 13세, 6세일 때였습니다. 아이가 하나라면 용서하고 넘어갈 일도 아이가 여럿이다 보니 완전히 달라졌습니다. 잘못된 걸까요? 어린아이들의 매력은 매우 개성적이라는 것이지만, 이 때문에 어려운 점도 발생합니다. 이는 한 아이를 위해서 행한 완벽한 조치가 다른 아이에게는 굉장히 불필요하다는 것을 의미합니다. 우리는 가족의 하나 됨을 위해 노력하면서 동시에 아주 다른 성격을 가진 아이들과도 함께해야 합니다.

내 생각에 부모가 되는 것과 사업을 잘 진행시키는 것의 가장 큰 차이점은, 사업을 할 때는 어려움이나 문제를 성공적으로 다루어서 그것들을 프로세스나 시스템 안으로 적용시켜 앞으로 같은 일이 발생하지 않도록 할 수 있지만, 자녀를 양육할 때는 그렇게 할 수 없다는 것입니다.

몇 년 동안 나는 '좋은 부모 되기(good parenting)' 라는 말을 수없이 들었습니다. 항상 듣는 이 말은 우리 같은 평범한 부모들이 자책감을 느끼게 하며, 부모로서 자신감이 부족하고 확신이 없다고 느끼게 합니다. 그러나 도움이 되는 좋은 소식이 그리 멀지 않은 곳에 있었습니다. 그것은 바로 **코칭**입니다. 내가 코치로서 고객들에게 사용했던 코칭 기술들이 부모인 나에게 큰 도움이 될 수 있다는 것을 알게 된 것입니다.

그렇다면 코칭이란 무엇일까요? 나는 이렇게 정의합니다.

"코칭은 '코치'의 개인적인 지원을 통해서 당신이 계속해서 성장할 수 있도록 도전하고 자극하여 당신이 할 수 있는 최상의 것을 수행할 수 있도록 돕는 것입니다."

더 자세히 설명하자면, 당신의 코치는 당신이 원하는 목적과 목표를 설정하고 그것을 정의한 다음, 그 목표를 성취하기 위해 해야 할 구체적인 행동을 계획하고 발전시키기 위해 당신과 협력적인 관계를 맺습니다. 당신의 삶에서 진정으로 중요한 것이 무엇인지 이해할 수 있게 돕고 나아갈 방향을 정한 다음, 당신이 자신의 삶을 책임질 수 있도록 코칭할 것입니다. 이러한 우선순위를 당신이 실감할 수 있도록 눈에 보이는 계획을 세우고 이를 수행하도록 도와줄 것입니다.

코칭은 또한 학습을 통합하고 조직합니다만, 그렇다고 해서 이 말은 코치가 교사라는 뜻은 아닙니다. 다시 말해 당신이 어떻게 해야 하는지에 대해 반드시 코치가 당신보다 더 잘 알아야 할 필요는 없으며, 또한 이것은 문제가 되지 않습니다. 코치는 당신과의 나눔 속에서 일련의 패턴을 관찰할 것이며, 새로운 행동을 위한 무대를 마련하고 당신과 함께 새롭고 보다 성공적인 행동을 실행할 것입니다. 여기에는 듣기, 반성하기, 질문하기, 정보 제공하기와 같은 다양한 코칭 기술들을 활용한 학습이 포함됩니다.

마지막으로 가장 중요한 일로서, 코치는 당신이 자기 수정(self-correcting)과 자기 생성(self-generating)을 배울 수 있도록 도와줄 것입니다. 그렇게 함으로써 당신은 스스로 행동을 수정하며, 스스로 질문을 만들고 답을 찾는 방법을 배우게 될 것입니다. 이러한 관점에서 이루어지는 양육 방식들이 바로 우리가 아이들과 함께 해야 할 일이 아니고 무엇이겠습니까?

나는 개인적으로 데이비드 미스키민과 동료 코치로서, 친구로서 수

년 동안 함께했습니다. 그 기간 동안 그가 많은 사람들을 코칭하는 것을 관찰했을 뿐 아니라 나도 그에게 코칭을 받았습니다. 데이비드는 실로 코칭의 명장입니다. 나는 그가 사람들을 코칭할 때 아주 짧은 시간 내에 사람들의 생각이 완전히 바뀌는 것을 보았습니다. 그는 코칭을 통해 사람들이 감정적인 상태에서 매우 빨리 변화되면서 인지 구조가 재편되는 과정을 거칠 수 있도록 도와주었습니다. 코치로서 나는 그와 그의 능력을 매우 존경하며, 친구로서 내가 도움이 필요할 때마다 그에게 코칭받을 수 있었던 것을 영광으로 생각합니다.

잭 스튜어트(Jack Stewart)는 개인적으로 만난 적은 없지만, 그가 어린 이들의 삶을 증진시킬 수 있는 기회를 제공하고자 애쓴다는 것을 잘 알고 있습니다. 그가 가진 기술, 젊은이들과 함께 일한 경험은 데이비드의 코칭 배경과 개성 있게 조화를 이루어 실제로 이번 작업에서 특별한 것을 만들어 냈습니다.

처음 이 책을 읽었을 때, 나는 아버지로서뿐 아니라 코치요, 코치의 트레이너로서 품었던 많은 의문에 대한 답을 찾았다는 확신을 가지게 되었습니다. 이 책은 나 자신이 가진 많은 두려움을 덜어 주었고, 조용하고 세심하며 온화하게 그리고 이해하기 쉬운 방법으로 심층적인 주제를 다루고 있습니다. 이 책은 부모들이 꼭 읽어야 할 책이니 침대 머리맡에 두고 꾸준히 보길 권합니다.

노블맨해튼코칭의 설립자이자 회장,
유럽코칭인스티튜트의 CEO 제라드 오도노반(Gerard O'Donovan)

CONTENTS

들어가는 글

멋진 부모가 되기 위한 여정의 길은 움푹 파인 구덩이와 함정으로 가득합니다. 그러나 고통과 분노, 절망에도 불구하고 우리는 멋진 부모가 되기 위해 계속 노력해야 합니다. 우리는 자녀를 사랑하기 때문에 끝까지 노력하며, 우리가 살아온 것보다 더 나은 희망과 기술, 가능성을 자녀에게 전해 주기 위해 끊임없이 일합니다. 이것은 우리가 인생에서 실패했다거나 낮은 성취를 이루었다는 의미가 아니라, 삶의 부름에 응답하기 위해 필요한 지혜 또는 경험이라고 불릴 수 있는 우리 자신의 일부분이라고 생각합니다. 때때로 사람들은 '내가 지금 무엇을 하고 있는지 알고 있고, 그래서 이런 방법으로 하는 거야.'라고 생각하는 것처럼 이야기하거나 행동합니다.

긴 근무 시간이나 초과 근무 시간과 같은 현대적인 삶이 가져온 압박 속에서 가족의 해체는 위기 수준에까지 이르렀습니다. 당신의 환경이 안정적이든 아니든, 즉 어떤 상황이든 당신이 돌보는 모든 아이들은 당신에게 중요한 존재입니다. 우리는 멋진 부모가 되는 것에 관한 모든 도움을 필요로 합니다. 이는 우리를 위해서가 아니라 아이들을 위해서입니다.

이 책은 당신이 가장 좋은 방법을 찾을 수 있도록 많은 자료를 제공해 줍니다. 이 책에 있는 도구와 기술, 지식을 가지고 경험하고 실행해 보면서, 당신은 매우 빠르게 자신이 부모 코치가 되어 가는 것을 발견할 수 있을 것입니다.

마지막으로, 당신이 어떻게 '부모 코칭(The Coaching Parent)'에 접근하는지 항상 사랑으로 행하시길 바랍니다.

데이비드와 잭

자녀를 위한 세계 최고의 코치는…

　당신의 자녀에게 세계 최고의 코치가 된 당신의 모습을 상상해 보세요! 자녀의 숨은 재능과 능력을 발견하고, 이전에 알지 못했던 깊은 수준의 자신감이 발달하여 꽃핀 모습을 보고 듣고 느껴 보세요. 코칭이 얼마나 효과적인지 알게 될 것입니다. 놀랍고 멋진 라포가 형성되고, 어떻게 하면 자녀가 배우는 것을 즐거워하면서도 쉽고 빠르게 배울 수 있는지 알게 될 것입니다.

　스트레스는 어떻게 다루냐고요? 코칭 관계(coaching relationship)에서는 심지어 자녀가 겪는 스트레스를 자신의 강점을 위해 사용할 수 있도록, 그리고 자신의 잠재성을 깨닫고 빠른 걸음으로 성큼성큼 걸어가 새롭게 발견한 자신의 책임에 적응할 수 있도록 도와줄 것입니다. 당신은 자녀를 위해 이런 역할을 해 줄 사람을 고용하는 데 얼마를 지불할 수 있나요?

　이제 당신 자신이 그와 같은 코치가 되는 것을 상상해 보세요. 당신의 아이들과 함께 코치가 하는 모든 일, 나아가 더 많은 일도 하는 것을 바라보고 듣고 느껴 보세요. 세계 최고의 코칭 기술을 가지고 마음의 눈으로 자녀와 깊은 사랑으로 결합하고 자녀를 존중해 보세요. 이렇게 하면 당신과 자녀가 이루고 싶은 성취에 방해가 되는 어떠한 장애물도 있을 수 없습니다.

다음 단계는 무엇일까요? 이 책을 펼치는 것입니다! 당신은 이제 영감을 주는 자녀의 맞춤형 코치가 되는 길에 들어섰습니다.

이 책은 당신이 *자녀를 위해 세계 최고의 코치가 되도록* 해 줄 것입니다. 매일 일어나는 코칭의 기회를 가장 잘 사용하는 데 필요한 모든 동기와 도구가 이 책 속에 들어 있습니다. 자신의 스타일이나 필요, 경험 정도에 따라서 가장 관심 있는 장(章)부터 읽어 볼 수도 있고, 지금 바로 처음부터 끝까지 읽는 여행을 시작할 수 있습니다.

이 모든 것은 당신의 선택에 달렸습니다.

CHAPTER 1

코칭을 향한 첫걸음

Taking your First steps

코칭은 정확히 무엇일까요?

최근 코칭은 스포츠, 비즈니스, 교육 분야에서 흔히 들을 수 있는 용어입니다. 그렇다고 해서 누구에게나 코칭이 동일하게 적용되는 것은 아닙니다. 따라서 우리는 다른 분야에서 쓰이는 '코칭'과 이 책에서 말하는 '코칭'의 유사점과 차이점에 대해 제대로 짚고 넘어가야 할 필요가 있습니다. 여기에서 제시되는 간단한 설명은 부모 코칭을 쉽게 이해하도록 도울 것입니다.

여러 가지 방법으로 아이와의 코칭 관계를 발달시키는 것은 여러모로 스포츠 코칭과 비슷합니다. 그러나 스포츠에서의 코칭과 달리 우리는 아이가 경쟁에서 이기도록 준비시키려는 것이 아닙니다. 우리의 접근은 부모와 자녀가 서로 원원(win-win)할 수 있는 방법을 찾는 데 초점을 맞추고 있으며, 따라서 아이는 부모를 포함하여 상대편을 이기는 사람이 아니라 자신만의 특성을 가진 개성 있는 사람으로 성장하는 데 도움이 될 것입니다.

스포츠에서 자신이 돌본 선수보다 코치가 더 나은 결과를 내는 경우는 거의 없습니다. 가장 성공적인 스포츠 코치 중의 일부는 그 분야에서 최고의 선수가 아니기도 하지요. 이것은 우리가 해야 하는 부모의 역할과 어떤 관련이 있을까요?

부모 또는 부모 단계에 있는 많은 사람들은 스스로를 의심한 적이 있을 것입니다. 또한 많은 사람들은 여기서 벗어나기 위해 갖은 노력을 합니다.

- *"내가 잘하고 있는 것일까?"*
- *"이 상황에서 이렇게 하는 것이 내 아이에게 가장 최선일까?"*
- *"저 부모는 나보다 더 나은 관계를 자녀와 맺고 있는 것 같아."*
- *"나는 절대 멋진 부모가 될 수 없을 거야."*

이러한 딜레마는 특히 첫아이를 키울 때 더욱 심하지요. 비즈니스 분야에서 코치는 아마도 경험이 많은 선수일 것입니다. 판매원 일을 한 번도 해 본 적이 없는데도 성공한 판매 매니저를 상상할 수 있나요? 반면에 우리는 부모로서 아이들과 마주한 많은 상황들을 한 번도 경험해 본 적이 없는 상태로 부모가 됩니다. 또한 스포츠에서 코치는 대부분 보조 코치가 지원되는 풀타임 직업입니다. 하지만 부모의 경우에는 남편(아내), 동료, 친척, 또는 가장 친한 친구가 조금 도와줄 뿐이지요. 그 외 시간에는 오로지 부모가 스스로 앞을 향해 나아가야 합니다.

코치는 다양한 책임을 가지고 있습니다. 예를 들어, 체조에서 코치는 주로 일대일로 일하며, 많은 스포츠 코치들은 주로 가르치는 사람으로서의 정체성을 가집니다. 비즈니스에서는 '코치'가 대체로 매니저라는 직업으로 통칭되는 인기 있는 말이지만, '가르치는 사람'이라는 뜻을 가진다고 보기는 어렵습니다.

어린아이와의 여러 상호 작용에서 부모 역할의 중요성은 많은 요인에 기초합니다. 다음 문장에서 '코치'를 '부모'로 바꾸어 봅시다.

- 어떤 연구[4]는 다른 선수의 경기에 대한 어린아이들의 인식이 <u>코치</u>의 반응에 영향을 받는다는 것을 보여 준다.
- 조금 더 나이가 많은 청소년 집단은 <u>코치</u>의 반응보다 개인적인 결정이 더 큰 영향을 미친다.

---

4 Amorose, A. J., & Weiss, m. R. (1998). Coaching feedback as a source of information about perceptions of ability: A developmental examination. *Journal of Sport and Excercise Psychology, 20*, 395-420.

잭과 나(David)는 신의 계시처럼 열정을 느끼는 공통분모를 가지고 있다는 것을 발견했습니다. 잭은 아이들의 학습과 발달에 방해가 되는 장애물을 제거하는 데 인생의 오랜 시간을 쏟아부었습니다. 그의 말에 따르면 이것은 확실히 차이를 만들 필요가 있는 영역입니다. 그는 아이들이 빠르게 배우고 더 많이 기억하며, 진심으로 듣는 것의 기쁨을 즐기고, 스트레스 수준이 줄어들면 더욱 자신감을 얻는다고 주장했습니다. 그는 현 체제에서 항상 지지받지는 못한, 그러나 그의 확고한 관점과 그가 지닌 아이디어의 강점을 전달하기 위해 교육 컨퍼런스에서 늘 이야기해 왔습니다.

나에게는 비슷하기는 하지만 다른 동기가 있었습니다. 나는 내 아이들의 성취를 무척 자랑스럽게 생각합니다. 그러나 대부분의 부모처럼 나는 자녀를 더 잘 키우기 위한 더 많은 지식과 경험, 기술을 보다 일찍 갖기를 바랐기 때문에, 아이들의 잠재력을 효과적이고 충분히 발휘할 수 있도록 도움을 줄 수 있었습니다. 나는 내가 설립한 코칭 회사의 경영진이 되어 성공적으로 사업 경력을 쌓았습니다.

코칭 사업 경영을 통해 나는 조직 코칭과 육아 코칭 사이에서 공통의 실마리를 찾을 수 있었습니다. 조직 현장에서 많은 리더와 매니저는 직원들과의 사이에서 신뢰가 부족합니다. 만약 이러한 신뢰가 서로 어떻게 관련되는지 궁금하다면 당신과 자녀가 어떻게 서로를 신뢰하게 되었는지 자문해 보세요. 일부 상사들은 자기 입으로 말한 대로 행동하지 않습니다. 직원들은 정말로 그런 상사를 싫어하겠지요? 이런 일이 당신의 가정에서 일어난 적은 없나요?

훌륭한 매니저는 직원들이 각자 개성 있는 사람으로 발전하고 성장하길 바라기 때문에 그들의 재능과 경력에 대한 열망은 현실이 됩니다. 결과적으로 매니저는 성취감을 느끼고 그 자신 또한 개성 있는 사람으로서 큰 만족감을 갖게 됩니다. 이는 당신이 자녀에게 가장 바라는 부모상이 아닌가요? 이러한 과정을 통해 당신의 양육 기술을 향상시키고, 일에서도 더 나은 매니저가 되며, 당신의 아이가 가치 있는 일과 삶의 기술에 대해 배우는 것이 가능하게 됩니다.

서로 신념과 차이를 공유하는 동안 우리는 이 프로그램을 개발하고, 재능과 능력, '어려움'을 가지고 어른들 그리고 모든 연령의 아이들과 함께 일하게 하려고 하나님께서 우리에게 각기 다른 재능을 주시고 우리 둘을 이 땅에 보내셨다고 굳게 믿었습니다. 우리의 목표 중 하나, 또한 그 목표를 넘어서는 것은 당신의 자녀에게 긍정적인 영향을 주는 부모 역할에 대해 당신 스스로 인식의 수준을 높일 수 있도록 돕는 것입니다.

 ## 코칭은 어떻게 하는 것인가

코칭은 상대방에게 힘을 부여하는 질문을 하는 방법의 하나입니다. 우리는 질문을 통해 독자들에게 많은 선택지와 가능성을 제시할 것이며, 이는 우리 모두의 인식과 이해를 증가시켜 주게 될 것입니다. 어떤 코치라도 자신이 누구인지, 무엇을 아는지, 어떻게 기능하는지 아주 많이 인식하게 될 것입니다. 가장 알맞은 시간과 장소를 선택할 수 있다면, 왜 그렇게 했는지를 알게 된다면, 그리고 항상 자신과 밀접하거나 자신의 목적, 임무, 소명과 관련이 있다고 느낀다면 보다 효과적으로 일할 수 있지 않을까요?

자, 이제 당신의 아이에게 이 모든 것을 마법과 같이 사용해 볼 차례입니다. 당신은 자극을 주는 역할 모델이 될 것이고, 자녀는 당신이 갖추고 있는 특성과 기술을 따라 하며 자신의 삶을 변화시키게 될 것입니다. 준비가 되었다면 당신의 코칭 기술을 사용할 또 다른 기회를 만들 수 있을 것입니다.

아이를 위하여 세상에서 가장 뛰어난 코치가 되는 여행을 시작하고자 한다면 이미 일상에서 사용하고 있을지도 모르는 다음과 같은 방법을 고려하는 것도 좋습니다. 당신은 얼마나 자주 자녀가 올바른 일을 하고 있다는 것을 알아차리나요? 미소나 칭찬과 함께 보상을 해 주거나 좋은 질문을 하나요? 예를 들면 다음과 같은 질문 말입니다.

"수진아, 너는 얼마나 좋은 사람이 되고 싶니?"

이제 2장에 있는 코칭 대화를 시작해 봅시다. 당신은 곧 마법 같은 코칭의 힘을 발견하게 될 것입니다.

- 대화를 위해 좋은 분위기 만들기

- 평범한 일상의 기회 사용하기
- 코칭을 하는 것에 의미 부여하기
- 말하기 전에 무엇을 말할지 조금 더 생각하기
- 의견을 제시하기보다는 질문 사용하기
- 확실하게 동의한 행동을 하고 모니터링하기

이러한 관점에서 이루어지는 코칭 대화는 12장의 피드백에서 반복적으로 제시될 것이고, 앞에서 언급한 것들이 정말로 이루어진다는 것을 보여 줄 것입니다. 그 피드백은 당신이 아이의 잠재력을 발견할 수 있도록 계속 도와주도록 빠른 속도로 당신의 마음속에 자리할 것입니다.

마찬가지로 질문을 구성하는 방법에서 중요한 것은 온전히 듣는 능력입니다. 질문과 경청을 잘하는 데 도움이 되는 힌트와 기술은 3장에 자세히 설명되어 있습니다.

처음 세 개 장을 읽는 동안에는 의문을 갖기 쉬울 것이라고 생각합니다. 그럴 때는 부록 '자주 하는 질문'을 읽어 보세요. 4장에서는 당신이 노력하지 않아도 곧바로 사용할 수 있는, 매우 간단하지만 강력한 코칭 모델을 소개합니다. 이 성장(GROW) 모델은 목표(goal)를 설정하고, 아이가 현실(reality)을 인지하고, 추가적인 선택지(option)를 인식하도록 하며, 스스로 나아갈 길(way forward)을 선택하도록 도와줍니다.

이 책은 *45개의 카드*를 기초로 하여 다음의 여섯 가지 세트 중 하나에 포함되도록 배치했습니다.

- 라포(rapport)
- 자신감(self confidence)
- 학습(learning)
- 코칭(coaching)
- 스트레스 조절(optimising stress)
- 조커(jokers)

각각의 세트는 '부모 코칭'의 중요한 측면을 포함합니다. 이것은 5장에서 10장에 걸쳐 심도 있게 다루어지며 여기에서는 간략하게 살펴보겠습니다.

라포

라포는 당신과 자녀 사이에서 동시에 일어나는 모든 의사소통의 효과를 묘사하는 말입니다. 라포는 당신이 인지하거나 인지하지 못한 언어적 · 비언어적 요소를 포함합니다. 이러한 요소에 의해 나타나는 신호는 메시지의 의미를 확실하게 하거나 말하는 것과 자세, 어투, 몸짓, 얼굴 표정으로 드러나는 것 사이의 불일치가 일어날 수 있음을 알려줍니다. 사실 이러한 외적인 신호들은 추측이나 직관보다 훨씬 더 믿을 수 있지요. 그럼에도 불구하고 직관, 예를 들면 '이것은 옳지 않다'라는 느낌은 당신이 직관을 사용하는 것에 익숙해지고 이 책에서 배울 코칭 도구들과 잘 결합될 때 최고의 지표가 될 것입니다.

강제적인 힘을 사용하지 않는다면 당신은 '라포'라는 신뢰감 없이 누구에게도 영향을 미칠 수 없습니다. 우리는 당신이 자녀를 사랑한다는 것을 알고 있습니다. 하지만 당신은 자녀를 사랑하면서도 자녀와의 관계에서 간단하지만 아주 중요한 몸짓 언어, 목소리의 어조, 신체적인 위치와 같은 것들의 중요성을 간과했을 수 있습니다. 이 책을 통해 당신은 자녀에 대해 더 깊이 알게 된 후 분명해진 삶의 기술이나 삶의 이야기에 관한 생각을 탐험하게 될 것입니다.

코칭을 할 때 당신과 자녀가 서로 연결되어 있는 방식 그리고 당신과 세상이 연결되어 있는 방식으로 잘 결합할 수 있도록 연결 고리를 찾으세요. 라포를 형성하는 것은 자녀와의 의사소통이 쉽게 이루어지는 것을 말합니다. 이렇게 된다는 것은 의사소통에서 편견을 가지고 대하지 않는 것, 특별한 어려움을 느끼지 않게 되는 것을 말하지요. 마치 파트너십을 지닌 사람들이 이심전심으로 함께 춤을 추는 것에 비유할 수 있을 것입니다.

자신감

우리가 가질 수 있는 가장 큰 한계는 자신에 대한 믿음의 부족입니다. 다시 말하면, 스스로를 생각하는 방식과 세상에 자신을 소개하는 방법은 우리가 삶에서 원하는 것을 얻는 데 상당한 영향을 줍니다. 최근에 알려진 유명 인사들 중 다수는 자기 신뢰(self-belief)를 거대한 장애물을 정복하는 데 사용했습니다. 그래서 그들의 파트너, 선생님, 또는 직원들은 그들이 본래 가지고 있는 것을 뛰어넘었다고 증언했습니다. 이와 같이 당신은 자신에 대해 생각할 수 있는 방법이 얼마나 많은지, 그리고 자신이 무엇을 생각하는지가 자신감과 얼마나 밀접하게 연관되어 있는지를 발견할 것입니다. 진정한 자신감은 빛이 사방으로 발산하듯 세상에 드러나며 다른 사람들의 자신감도 끌어올려 줍니다. 반면에 잘못되거나 낮은 자신감은 반대로 기능하지요.

학습

코칭을 배워 나가는 사람들에게 이렇게 말하고 싶군요. 당신은 라포를 형성하고 자신감을 느끼나요? 그렇다면 아주 훌륭하군요! 이제 당신은 더 배우고 기억할 수 있는 방법을 발견했나요? 새로운 학습 기술과 접근 방법에 대해 읽고 적용해 보세요. 이는 곧 당신 자신과 자녀를 위한 아이디어를 생각하고 경험해 보라는 뜻입니다.

코칭

코칭은 다른 사람에게 힘을 부여해 주는 것입니다. 가장 뛰어난 스포츠 코치들을 생각해 보세요. 그들이 다른 접근 방법을 채택했더라도 선수들에게 힘을 불어넣어 준 결과를 낳았을 것입니다. 음치라고 불리던 사람을 코치가 어떻게 가수로 변화시킬 수 있었을까요? 코치가 아니라면 무엇이 좋은지 신경 쓰지 않고 제자를 시험하거나 공연하게 할수도 있습니다. 자녀 양육에서도 아이에게 의식과 책임감을 길러 줌으로써 아이가 혼자서 나아갈 수 있게 되고 꿈꾸지 못했던 곳에 다다를 수 있을 것입니다.

스트레스 조절

당신은 라포와 자신감 안에서 레이더와 같이 정교한 학습 기술을 연마할 수 있으며, 자신이 누구인지 알고 받아들이게 될 것입니다. 당신은 성공하고 싶어 하고 자신의 길을 가기를 원합니다. 그렇다면 역설적이지만 이제 당신의 강점에 스트레스를 사용할 시간입니다. 살아가는 여정에서 스트레스는 자연스러운 것입니다. 우리는 요즘 스트레스의 증가에 대해 너무 많이 읽고 듣습니다. 우리 삶에서 지속적인 변화가 영원한 유익을 이루어 내도록 스트레스를 조절할 수 있는 시간을 만들기를 바랍니다.

조커

누가 아이처럼 당신에게 영감을 줄 수 있을까요? 당신도 어머니와 아버지뿐 아니라 진정한 삶의 이야기와 지혜가 담긴 작품집을 통해 배운 적이 있지는 않나요? 당신이 발견한 것들을 자녀와 공유해 보세요. 무엇이 또는 누가 아이로 하여금 그렇게 생각하게 만들었는지 물어보세요. 당신의 이야기가 우리 프로그램의 일부가 될 수 있지 않을까요? 모든 이야기는 정규 교육에서 중요하게 다루지 못한 우뇌를 자극하고, 당신의 자녀는 더 많은 이야기를 읽고 싶어 할 거예요.

코칭을 향한 첫걸음 – 이해되나요?

이 책을 통해 이루고 싶은 우리의 목표는 어머니나 아버지, 또한 자녀가 남아든 여아든 상관없이 코칭이 부모와 자녀 모두에게 다가갈 수 있게 하는 것입니다. 이러한 마음은 자녀의 성차에 관계없이 모두 동등하고 공정한 성과를 만들어 내는 데 목표를 둡니다.

당신은 자녀를 키우는 동안 다음과 같은 질문에 대해 얼마나 궁금해했나요? "나는 엄마처럼 되고 싶어." "엄마는 나에게 영감을 줘." "우리 엄마랑 아빠는 나를 그렇게 가르치셨어." "어떻게 하면 우리 아이가 나의 가장 좋은 점을 모방하고, 내가 잘못한 것을 용서할 수 있을까?"

이 책에 제시된 모든 카드에는 삶의 기술과 지혜가 담겨 있습니다. 코칭은 이 모든 것들을 삶으로 불러올 수 있게 해 주는 중요한 자원입니다.

당신은 당신의 역할 모델처럼 될 수 있고, 자녀를 격려할 수도 있으며, 자녀에게 최고의 역할 모델이 됨으로써 당신이 지닌 최고의 '특성'을 자녀에게 전할 수 있습니다. 이 책은 당신에게 그 방법을 알려 줄 것입니다.

11장에서는 코칭이 어떻게 아이들을 돕는지에 대한 실제 삶의 예를 보여 줄 것입니다. 그리고 약속한 대로 12장에서는 2장에서 시작했던 코칭 대화로 돌아갈 것입니다.

마지막에는 우리에 대해서 간략히 소개하고, '부모 코칭'으로써 당신의 기술을 향상시킬 수 있는 읽을거리와 도움이 될 만한 도구, 자료를 추천할 것입니다.

이 책에 나온 자료들을 본격적으로 사용하기 전에, 사용하는 도중에, 그리고 사용한 후에 다음 질문에 답해 보세요.

"당신에게 세계 최고의 코치는 누구입니까?"

코칭 대화

Coaching Conversations

시작할 준비가 되었나요? *라포, 학습, 자신감, 스트레스 조절*과 같은 주요 코칭 주제를 잘 이해하도록 돕기 위해 구성한 대화를 읽어 보세요. 마치 당신이 자녀가 된 듯 부모와 아이의 입장을 바꿔 놓고 다시 읽어 보세요.

7장의 17번 카드를 보세요.

당신이 이미 접해 보았거나 또는 앞으로 접하게 될 '코칭 대화'는 부록 '자주 하는 질문'에서 찾아볼 수 있듯이 다양한 주제를 다루고 있습니다. 그러므로 대부분의 양육 관련 이슈를 다루고 있다는 것을 알게 될 것입니다.

"적극적인 파트너십은 개인이 지닌 가능성을 최대한 계발하기 위해 고안되었다."라는 코칭의 정의를 기억하세요. 우리는 당신이 자기 자신에게 선물할 수 있도록 파트너십의 기회를 찾고, 듣고, 묻고 ,가질 수 있게 북돋아 줄 거예요.

몇몇 장의 끝에는 내용을 읽고 직접 해 볼 수 있는 연습란이 있습니다. 코칭은 성과를 내기 위해 직접 해 볼 것을 권장하며, 또한 연습한 내용을 기록하라고 당부하고 싶습니다.

다음 대화를 보면 일상적인 대화가 어떻게 코칭 대화가 될 수 있는지 알게 될 것입니다. 더 멋진 부모 코치가 되기 위해 코칭 대화를 어떻게 사용할 수 있을까요?

 ## 코칭 대화 1 - 라포

재영이와 엄마가 이야기하고 있다.

재영 : 엄마, 왜 어떤 때는 아빠와 잘 지내는 게 쉽게 느껴지고, 어떤 때는 어렵게 느껴질까요?

엄마 : 그게 무슨 말이니, 재영아?

재영 : 어제 문제가 좀 있었어요. 아빠가 엄마한테 얘기 안 하셨어요?

엄마 : 아니. 계속 말해 보렴.

재영 : 쟁반의 음식을 떨어뜨렸는데 아빠가 야단을 치셨어요.

엄마 : 라포를 잃어버렸구나.

재영 : 라포라고요? 그게 뭐예요?

엄마 : 아 미안, 이건 좀 생소한 단어지? 다르게 표현해 볼게. 너는 누군
        가와 친해졌다는 것을 어떻게 아니?

재영 : 몰라요. 그건 그냥 어느 순간 알게 되는 거 같아요. 제 생각에는요.

엄마 : 아빠가 너를 꾸짖었을 때 느낌이 어땠니?

재영 : 힘들었어요. 저에게 소리 지르셨거든요. 제가 그런 거 싫어하잖아
        요. 심지어 욕도 하셨어요. 게다가 설상가상으로 카펫에 주스가 쏟
        아져 버렸어요.

엄마 : 그리고 무슨 일이 일어났니?

재영 : 제가 먼저 죄송하다고 말했어요. 그건 사고였고 일부러 그런 게 아
        니라고요. 하지만 아빠는 계속 화를 내시며 제가 그것들을 모두 치
        우게 하셨죠. 그 후에 제가 "차 한잔 드릴까요?"라고 묻자 아빠는
        진정하시고 훨씬 더 온화해지셨어요. 평소처럼요. 정말로요.

엄마 : 어떻게 얘기했니?

재영 : 아빠는 웃으며 "이리 온." 하고 말하고 절 꼭 껴안았어요. 그리고
        그 이후엔 괜찮아지셨어요.

엄마 : 그럼 다시 라포가 형성되었구나?

재영 : 라포의 의미가 제가 생각하는 대로라면 그렇죠. 더 편안하고, 그런

일이 다시 일어나지 않을 것 같았거든요. 그런데 라포가 뭐예요?

엄마 : 편안한 상태, 그게 바로 라포라는 거야. 다시 얘기해 줄게. 이런 일이 다시 일어나기를 바라진 않지만 다시 일어난다면 넌 이번과는 어떻게 다르게 행동할 수 있겠니?

재영 : 저는 곧바로 죄송하다고 할 거예요. 아빠가 화를 내면 너무 불편하거든요.

엄마 : 네 생각에 아빠가 어떻게 해 줬으면 좋겠니?

재영 : 잘 모르겠어요. 어떻게 보면 옳은 것도 같고 아닌 것도 같고.

엄마 : 더 좋은 방법을 찾기 위해서는 무엇을 해야 할까?

재영 : 그런 일이 일어나기 전에 아빠한테 물어볼 수 있어요. 그러면 아빠가 화내는 것을 제가 좋아하지 않는다는 걸 아빠가 알 거예요.

엄마 : 좋은 생각이다. 언제 그렇게 할 거니?

재영 : 오늘 밤에요. 주스 마시기 전에!

엄마 : 그럼 아빠가 기분이 좋아져서 행복하다고 느낀다는 걸 어떻게 알 수 있을까?

재영 : 아빠가 제 얘기를 이해해 주신다면 제가 해냈다는 것을 알 수 있을 거예요.

코칭 대화 2 – 자신감

정희가 엄마와 이야기하고 있다.

정희 : 엄마, 난 왜 항상 서투를까요?

엄마 : 언제 그렇게 서투르다고 느꼈니?

정희 : 바닥에 숙제 노트를 떨어뜨렸을 때요. 어제는 물컵을 쏟아 버렸어요.

엄마 : 단지 그 일 때문에 네가 서투르다고 할 수 있을까?

정희 : 저는 그렇다고 생각해요.

엄마 : 정희야, 네가 서투르다고 계속 주장한다면 네가 믿는 그대로 된
         단다.

정희 : 하지만 저는 그렇다고 생각되는 걸요?

엄마 : 음, 재미있는 걸 한번 해 보자. '서투르다' 는 말과 반대되는 말을
         떠올릴 수 있겠니?

정희 : 잘 모르겠어요. '안 서투르다' 는 어때요?

엄마 : 음, 그것도 맞지만 더 긍정적인 말이 있을 것 같은데? 네가 무엇이
         아니라고 말하는 것보다 '나는 무엇이다' 라고 긍정적으로 말하는
         게 어떨까?

정희 : 반대말이 뭔지 모르겠어요. '우아하다' 는 어때요? 하지만 저는
         우아하지 않죠.

엄마 : 그래, 간단한 말(언어) 실험을 통해서 한번 해 보자. "너는 우아해."라는 말을 들으면 어떠니?

정희 : 자신감이 생길 것 같아요.

엄마 : 그럼 만일 네게 자신감이 있다면 어떻겠니?

정희 : 좋아요!

엄마 : 자신감 있는 사람은 책을 떨어뜨리거나 뭘 쏟고 그러니?

정희 : 그렇지 않다고 생각해요. 자신감 있는 사람은 그런 일에 대해 고민하지 않을 것 같아요.

엄마 : 그럼 이렇게 해 보는 게 어떻겠니? 네가 자신감 있는 사람이라고 상상해 봐. 어떠니?

정희 : 굉장히 좋아요. 제 주변에서 일어나는 모든 것을 알고 있고 제가 다 알아서 할 수 있을 것 같아요.

엄마 : 기분이 어떠니?

정희 : 아주 좋아요. 진짜 자신감이 생긴 거 같아요.

엄마 : 잘했어. 이 순간을 기억하렴. 무슨 일이 생기든지 너는 자신감 있는 사람이라고 여기게 될 거야.

정희 : 고마워요, 엄마. 엄마는 저의 스타예요!

코칭 대화 3 - 학습

형진이와 아빠가 이야기하고 있다.

아빠 : 형진아, 기분이 어떠니?

형진 : 별로예요. 수학 성적이 아주 형편없거든요.

아빠 : 모든 수학에서 형편없을 수는 없어. 특별히 어려운 부분이 뭐지?

형진 : 대수학이요. 1주일 동안 하고 있는데도 저는 도저히 따라갈 수가 없어요.

아빠 : 대수학을 할 때 어떤 생각이 드니?

형진 : 전혀 이해가 안 돼요.

아빠 : 이해할 수 있는 부분이 아주 없는 거야?

형진 : 간단한 방정식 정도는 이해할 수 있어요.

아빠 : 또 다른 건?

형진 : 없어요, 이차방정식은 진짜 할 수가 없어요.

아빠 : 대수학을 어떤 정도로 하면 좋겠니?

형진 : 이차방정식에 대한 이해가 필요해요.

아빠 : 네가 이차방정식을 이해할 수 있다면 어떤 일이 일어날까?

형진 : 아주 높은 점수를 받을 거예요.

아빠 : 너는 지금 몇 점인데?

형진 : 아마 40점일 거예요.

아빠 : 그렇다면 뭔가를 해야겠구나.

형진 : 저는 그래야 한다고 생각해요.

아빠 : 몇 점을 받으면 행복하겠어?

형진 : 적어도 70점을 받고 싶어요.

아빠 : 아빠는 네가 어떻게 그 점수까지 향상시킬 수 있는지 궁금하구나. 무슨 좋은 생각이 있니?

형진 : 사실 없어요.

아빠 : 솔직히 말해서 나도 수학 과목에 강하지 않단다. 하지만 나는 해결할 수 있는 방법이 있다고 생각해. 네가 영어를 공부할 때 어떻게 했는지 떠올린다면 방법이 있지 않을까?

형진 : 흠, 준수에게 물어볼 수 있어요. 아마 저를 도와줄 거예요. 또 다른 친구들 앞에서 질문하는 것은 좋아하지 않지만 선생님이 저를 도와주신다면 물어볼 수 있어요.

아빠 : 좋은 방법이구나. 어떤 방법이 더 좋니?

형진 : 제 생각에 준수는 수학을 잘하기 때문에 함께 공부하는 게 좋을 거 같아요. 하지만 준수가 저를 도와주는 걸 좋아할지 잘 모르겠어요.

아빠 : 좋아, 그럼 준수에게 어떻게 하면 좋을까?

형진 : 내일 준수의 동생 민희에게 물어볼 거예요. 민희는 준수에 대해 잘 알고 있고, 게다가 저를 좋아하거든요.

코칭 대화 4 – 스트레스 조절

수영이가 엄마와 이야기하고 있다.

엄마 : 수영아, 오늘 왜 그러니?

수영 : 묻지 마세요.

엄마 : 좀 알려 주렴. 그래야 내가 너를 도울 수 있잖니.

수영 : 궁금해하지 마세요.

엄마 : 내가 맞혀 봐도 될까? 아니면 힌트를 좀 주겠니?

수영 : 엄마도 알 거예요. 내가 힌트를 주지 않으면 엄마는 계속 잔소리를
       할 거라는 걸.

엄마 : 느끼는 그대로 표현해 봐. 엄마는 네 얘기를 들을 준비가 되어 있어.

수영 : 정아 때문이에요.

엄마 : 정아랑 무슨 일 있었니?

수영 : 정아는 아주 골칫거리예요. 정아한테 질려 버렸어요. 걔는 나를 미
       치게 해요.

엄마 : 정아가 어떻게 했는데?

수영 : 그 애는 내가 하는 말을 따라 하고, 내가 입는 옷을 따라 입고, 내
       가 가는 곳에 가요. 나는 걔가 죽어 버렸으면 좋겠어요!

엄마 : 정아가 그러는 이유가 있니?

수영 : 그건 정아가 멍청하기 때문이에요. 그래서 저는 스트레스를 받아요.

엄마 : 엄마는 아직 네가 모르는 다른 이유가 있는 건 아닌지 궁금하구나.

수영 : 신경 쓰지 마세요. 어쨌거나 엄마랑은 상관없잖아요.

엄마 : 내 생각에는 네가 정아에게 신경을 쓰지 않는다면 스트레스를 받지 않을 것 같구나.

수영 : 그럴 리가 없어요!

엄마 : 정아와 함께 무언가를 해 보지 그러니?

수영 : 난 정아가 없어졌으면 좋겠어요. 그러면 난 스트레스를 안 받을 거예요.

엄마 : 정아도 알고 있니?

수영 : 아뇨, 나는 정아를 무시하니까요.

엄마 : 네 행동이 정아의 기분을 어떻게 만들 거라고 생각하니?

수영 : 아마도 굉장히 기분 나쁘겠죠. 그래도 그건 정아의 잘못이에요.

엄마 : 정말로 정아가 없어졌으면 좋겠니?

수영 : 정아가 계속 멍청하다면요.

엄마 : 정아가 무엇을 원할 거라고 생각하니?

수영 : 잘 모르겠어요. 그냥 신경 쓰고 싶지 않아요.

엄마 : 알 수 있는 방법이 없을까?

수영 : 뭐, 정아에게 물어보면 되겠네요.

엄마 : 네가 정아에게 물어봤다고 상상해 보자. 어떤 점이 좋아질까?

수영 : 정아는 나를 왜 그렇게 귀찮게 했는지 말할 거예요.

엄마 : 그리고 또?

수영 : 정아가 왜 나를 그토록 미치게 했는지 조금은 이해할 수 있을 거예요.

엄마 : 수영아, 엄마가 보기에는 네가 스트레스를 줄일 수 있는 방법을 벌써 찾은 것 같구나. 정아랑 얘기하는 건 가치가 있을 것 같아, 그렇지?

수영 : 네, 나도 정아가 왜 나를 미치게 했는지 좀 이해할 수 있을 것 같아요. 고마워요, 엄마.

엄마 : 이제 곧 해결할 수 있겠니?

수영 : 네, 내일 정아랑 얘기해 볼 거예요. 그리고 엄마에게 알려 드릴게요. 그런데요 엄마, 지금 행복하세요?

네 개의 코칭 대화 예시를 보여 드렸습니다. 지금 당신의 마음속에 일어난 호기심을 가지고 다음 장을 읽기 시작하면 틀림없이 끝까지 빠져들게 될 것입니다.

깨닫는 질문과
온전한 경청

Questioning and Listening

부모 코치가 되는 과정에서 깨닫는 질문과 온전한 경청은 매우 중요한 역할을 하게 됩니다. 실제로 자녀와 효과적으로 상호 작용하고 있는지를 알 수 있는 몇 가지 단서가 있습니다.

당신과 자녀가 서로 상대방이 자신의 이야기를 잘 들어주고 이해한다고 느끼면 부모와 자녀는 서로에게 마음을 열게 됩니다.

당신과 자녀가 서로의 대화에 흥미를 가지고 집중할 때, 가장 좋은 점은 다양한 방향으로 대화가 이루어지는 것이며, 당신과 자녀는 진실한 상호(양방향) 작용이 이루어지는 경험을 하게 됩니다.

✔️ 주제가 어색하고 어려운 것이라 할지라도 두 사람에게 중요한 내용이라면 편안한 분위기가 조성됩니다.

♥ 대화의 결과가 유용하거나 만족스러운 일들이 일어나며 당신은 행복을 느낍니다. 그리고 이런 경험은 당신과 자녀 사이의 유대감을 증진시킬 것입니다.

앞의 관점들은 모든 형식의 효과적인 의사소통에 적용될 수 있습니다. 위의 네 가지 관점(👂 ↔ ✔️ ♥)을 가지고 대화한다면 다음과 같은 유익한 결과를 낼 수 있는 효과적인 상호 작용을 할 수 있을 것입니다.

- 의사소통 기술이 향상될 것입니다.
- 더 나은 인간관계를 맺게 될 것입니다.
- 어려운 내용이라도 더 쉽게 의사소통할 수 있을 것입니다.
- 당신이 정의하는 성공이 무엇이든 간에 더 성공하게 될 것입니다.
- 효과적인 의사소통을 통해 개인적인 만족과 즐거움을 더하게 될 것입니다.

탁월한 의사소통은 당신이 의도한 바를 잘못 이해할 수 있는 가능성을 없애거나 최소화합니다. 또한 당신의 자녀 역시 그렇게 할 수 있도록 이끌어 줍니다.

 깨닫는 질문

　질문은 모든 코칭 과정에서 특히 중요합니다.

　코칭 질문은 자녀에게 깨달을 수 있도록 유용한 정보를 제공해 주고 중립적인 반응을 할 수 있도록 도와줍니다. 코칭 질문으로 접근하는 것은 다른 사람을 비난하면서 대화를 끝내는 것을 줄여 주고 개인의 책임성을 키워 줍니다. 유사한 맥락에서 자녀가 한 행동에 대해 코칭 질문을 하면, 아이는 무의식적으로 행동했다고 하더라도 자신이 한 행동의 의미를 대답을 통해서 설명할 수 있게 됩니다.[5] 행동의 의미를 인식하도록 이끄는 것은 잠재적으로 책임감과 주체성을 길러 줍니다. 내부로부터의 유익한 피드백은 자녀의 지속적인 성장을 위해 필요합니다. 우리는 깨닫는 코칭 질문을 함으로써 자녀를 지속적으로 성장시키고자 하는 목표를 이룰 수 있습니다.

　다음의 질문 유형을 살펴보는 것은 의미가 있습니다.

- 닫힌 질문(closed question)
- 예리한 질문(incisive question)
- 열린 질문(open question)

---

5 옮긴이는 이러한 질문을 '깨닫는 질문' 이라 부릅니다.

먼저 당신이 원하는 결과에 대해 생각해 보고, 예상되는 결과를 고려하여 어떤 질문을 할 것인가를 계획해 보세요.

닫힌 질문

닫힌 질문은 단답형의 대답을 이끌어 내어 적은 양의 정보만을 줍니다. 닫힌 질문으로는 동의, 반박, 혹은 짧지만 연속적인 정보를 얻을 수는 있을 것입니다.

대답은 보통 '예/아니요' 입니다.

> *"너 늦어도 이번 주 금요일까지는 보고서를 제출할 거라고 선생님께 말씀드렸니?"*
> *"무엇을 할지 결정했니?"*

예리한 질문

예리한 질문은 자녀가 자신의 가능성을 제한하는 신념에서 벗어나도록 돕는 데 매우 유용한 질문입니다. 이 같은 질문은 그들의 구조 안에서 특정한 생각을 전제로 하기 때문에 종종 '전제' 라고 불립니다. 때때로 장애물이 의식적으로든 무의식적으로든 당신의 질문을 가로막을 수도 있습니다. 어떻든 간에 예리한 질문은 상당히 유용한 질문 기법이지요.

예리한 질문은 두 부분으로 구성되어 있습니다.

- 첫 번째 부분은 신념에서 벗어나게 합니다.
- 두 번째 부분은 벗어던진 신념을 넘어서는 새로운 생각을 불러일으킵니다.

예를 살펴봅시다.

"만약 시간이 중요하지 않다면…"
"그럼 너는 무엇을 할 수 있을까?"

당신의 자녀가 대답할 수 있는 유일한 방법은 다음과 같습니다.

- 신념이 더 이상 제한이 아니라는 상황을 고려합니다.
  (더 이상 시간에 관한 것이 아닙니다.)
- 다른 잠재적인 해결책이 있다는 것을 고려합니다.
  (다른 무언가를 하는 것을 고려할 수 있습니다.)

위의 두 질문 형태는 모두 유용하지만, 열린 질문이 당신을 탁월한 부모 코치로 성장시키는 데 멋진 방법이라는 것을 발견하게 될 것입니다.

열린 질문

"어떻게, 무엇을, 어디서, 언제, 누가, 왜, 어디서에 관해 이야기해 주세요."

열린 질문은 방대하고 넓은 정보에 바탕을 둡니다. 무엇을, 언제, 어떻게, 어디서, 누가로 시작하는 열린 질문은 답을 할 때 다양한 방식의 반응을 촉진시킵니다. 어떤 답은 한 단어일 수도 있고 어떤 딥은 훨씬 길 수도 있습니다. 아래의 첫 번째 질문은 명료하고 짧은 반응을 이끌어 내고, 두 번째 질문은 더 긴 반응을 이끌어 낼 것입니다.

"남자들이 100미터를 빠르게 잘 달리는 것에 대해 어떻게 생각하니?"
"저 그림에 어떤 재료가 사용되었다고 생각하고, 그렇게 생각하는 이유는 뭐지?"

다음 질문에 나올 수 있는 대답의 종류를 생각해 보세요.

"그 순간에 구체적으로 어떤 일이 일어났니?"
_____

"그것 때문에 얼마나 걱정했니?" _____

"네가 그것에 관해 무엇을 하고 싶어 하는지를 누가 알지?" _____

"그 결과를 얻기 위해 너는 얼마나 관리했지?" _____

> *"지금까지 어떠한 단계를 거쳤니?"* _____
> *"네가 더 나아가는 것을 방해한 장애물은 뭐니?"* _____
> *"네가 더 노력하는 것을 어렵게 만드는 것은 무엇이니?"* _____
> *"무엇이 진짜 문제지?"* _____

당신의 질문과 자녀의 반응(대답) 수준을 더욱 깊게 하기 위해 다음과 같이 질문할 수 있습니다.

> *"내가 너에게 한 질문을 통해 무엇을 배웠지?"*
> *"이 질문은 너에게 어떤 도움이 되었니?"*

자녀의 입장에서 한번 해 보세요. 흥미로운 대답을 준비하세요.

'왜'를 사용하는 질문은 자녀에게 겁을 줄 수 있기 때문에 대화에서 한발 물러나게 만들 수 있습니다. 자녀에게는 위협적인 질문이 되는 것이지요. 이것은 우리 뇌의 논리적인 부분(좌뇌)을 자극할 수 있으며, 자기가 보인 반응에 대한 정당한 이유를 찾고 거의 닫힌 질문을 받았을 때와 비슷한 반응을 보일 수 있습니다. "왜? 그냥 했어. 그게 이유야!" 이런 식으로 말이지요.

대안적인 질문은 우뇌가 반응하는 계기가 되며, 종종 자녀가 왜 그런 방식으로 부모에게 반응했는지 이유를 알고 자녀를 이해할 수 있는 통찰력과 감정적인 단서를 줍니다.

코치로서 부모의 의견이 줄어들수록 자녀가 편안하게 대답할 수 있는 좋은 코칭 환경을 조성하기가 쉬워집니다. 심지어 질문 같아 보이지 않게 질문하는 것도 가능합니다!

> "목표는 여전히 적절하니?"
> "중요한 포인트들을 다시 살펴볼 수 있겠니? 나는 그것들이 내 생각 속에서 완전히 명확하게 정리되길 원해."
> "너의 말을 통해 엄마/아빠는 이 선생님이 네 작업을 다시 한 번 보는 것에 동의했다는 데까지 이해했어. 그 이후에 무슨 일이 일어났는지 말해 줄 수 있니?"

 ## 사례 연구-전통적 질문과 The Knaq(지식 활용 질문)

우리는 좋은 질문의 위력을 이해할 필요가 있습니다. 어떻게 하면 앞에서 말한 지식을 지금 당신의 실제 삶에 적용할 수 있을까요? 코치인 로라 버먼 포트강(Laura Berman Fortgang)[6]은 '지혜 접근 질문(wisdom

---

6 추천 도서를 참고하세요.

accessing questions)' 이라는 용어를 사용했습니다. 그녀는 이 접근법에서 '왜'를 피하고 '무엇'을 주요 목표로 하는 질문을 시작했습니다.

다음의 사례는 매우 어려운 결론을 가지고 있는 부모와 자녀 사이의 동일한 주제에 관한 것입니다. 먼저 좀 더 전통적인 접근을 보겠습니다. 두 번째 접근은 '지식 활용 질문(knowledge accessing question)' 이라는 방법을 사용합니다. Knaq라고 쉽게 기억하세요.

전통적 질문

성수 : 저는 이 상황이 행복하지 않아요. 왜 그런지 모르겠어요.

엄마 : 왜 그렇다고 생각하니?

성수 : 모르겠어요. 그 문제에 관해 계속 생각하고 있지만 매우 혼란스러워요.

엄마 : 왜 그것이 너를 괴롭힌다고 생각하지?

성수 : 그건 선생님에 관한 거예요.

엄마 : 선생님이 너에게 한 말 때문이니?

성수 : 선생님은 제 수학 공부를 도와줄 사람을 안다고 말했고, 제가 누구냐고 물어봤을 때 말해 주지 않았어요.

엄마 : 그때 어떤 기분이었니?

성수 : 화가 났어요.

엄마 : 너를 괴롭히는 게 그것 하나니?

성수 : 아니요! 모든 것이 다요!

엄마 : 너는 지금 네가 무엇을 하고 싶은지 알고 있니?

성수 : 다 잊어버리고 싶어요. 생각하고 싶지 않아요. 그런데 정말로 그런 건지 확신할 수가 없어요.

이 대화에서 부모의 질문은 정보를 탐색하는 데 초점을 맞추고 있습니다. 엄마의 질문은 구체적이지 않고, 그래서 성수의 대답 역시 구체적이지 않습니다. 그 결과 진전이 없고 자녀의 좌절감만 커졌습니다. 전통적인 접근을 한 것이지요.

부모가 Knaq 접근을 한 다음 사례와 비교해 보세요.

Knaq 질문

성수 : 저는 이 상황이 행복하지 않아요. 왜 그런지 모르겠어요.

엄마 : 왜 그런지 생각해 보자. 너를 괴롭히는 게 뭐지?

성수 : 잘 모르겠어요.

엄마 : 만약 너를 괴롭히는 것이 무엇인지 알게 된다면 뭐라고 말할 것 같니?

성수 : 아마도 '저는 선생님을 신뢰하지 않아요.' 라고 얘기할 거예요.

엄마 : 너는 선생님을 신뢰하지 않는구나. 무엇이 그렇게 생각하도록 만들었지?

성수 : 선생님은 너무 모호해요. 선생님은 자신이 말한 것에 대해 태도를 분명히 하지 않아요. 저는 그것에 대해 물어보기까지 했다고요.

엄마 : 그럼 너는 이 상황이 나아지기 위해 무엇이 필요하다고 생각하니?

성수 : 제가 신뢰할 수 있는 사람을 찾는 거요.

엄마 : 좋구나. 도와줄 수 있는 사람이 있니?

성수 : 네. 저에게 아이디어를 줄 다른 선생님이 있어요.

엄마 : 언제 그분에게 연락할 거야?

성수 : 오늘이요!

성수는 곧바로 명쾌함을 얻었습니다. 어떤 행동을 해야 할지 정하고 긴장이 완화되었기 때문이지요. 이것이 Knaq 접근을 이용한 간단한 결과입니다.

전통적 질문으로 접근하는 것과 Knaq 질문으로 접근하는 것의 주요한 차이는 세부 사항과 설명에서 벗어나 문제에 직접적으로 관심을 가지고 결과(목표)를 향해 나아간다는 것입니다. 즉 자녀에게 어떤 일이 일어났는지 쉽게 이해하도록 도와주고 발전적인 대안을 찾기 위해 자녀와 협력하도록 합니다. 당신은 또한 자신이 스트레스를 덜 받는다는 것과 함께 더 이상 전문가가 될 필요가 없다는 것을 발견하게 될 것입니다. 요약하면, 당신은 자녀의 대답이 보다 정확하고 구체적일 수 있도록 질문하는 것을 목표로 하게 됩니다.

 ## 온전한 경청

만약 당신이 질문 능력을 향상시켰다면 우리는 반드시 그 대답에 집중해야 합니다. 부모 코치는 향상된 경청 기술을 가지고 코칭에 임해야 합니다.[7] 코칭 관계에서는 신뢰를 구축할 수 있을 때 감정적인 내용을 더 많이 공유할 수 있습니다. 이와 비슷하게, 그 사람이 우리에게 중요한 의미를 지닌 사람일 때 우리는 사려 깊게 듣고 적절하게 반응하고 싶어집니다. 누군가가 이야기할 때 우리가 더 큰 관심을 보일수록, 우리가 말할 차례가 되었을 때 그 사람 역시 우리에게 더 큰 관심을 보이게 됩니다.

의사소통의 가장 큰 장애물 중 하나는 온전히 경청하지 않는 것입니다. 경청은 쉽고 자연스럽게 되어야 하지만 때때로 매우 어렵습니다. 생각하는 것보다 온전한 경청을 가로막는 장애물이 많기 때문입니다. 사람과 사람 사이에 의사소통을 능숙하게 하기가 어렵다는 것은 놀랄 일이 아닙니다.

---

7 옮긴이는 이러한 듣기를 '온전한 경청' 이라 부릅니다('Magic9 부모 코칭' 참조).

의사소통의 목적이 무엇이든 간에 거기에는 적극적인 경청, 솔직한 생각과 감정의 표현, 관계의 변화가 포함되어야 합니다. 우리의 관계 변화는 충분히 강조할 가치가 있습니다. 변화의 가능성이 없다면 의사 소통 과정은 메마르고 생명력이 없으며 아무런 의미가 없습니다.

내가 알지 못하는 무언가를 상대방이 나에게 말할 때 상대방을 얼마나 이해하는지, 어떻게 느끼는지, 혹은 그의 주위에서 어떻게 행동하는지 변할 수 있으며, 이는 반대의 경우도 마찬가지입니다. 비록 그 차이가 아주 미미하다 할지라도 우리는 지금 서로를 다르게 생각하며 관계 맺고 있습니다. 당신이 자녀와 상호 작용을 할 때도 그렇습니다.

변화의 중요한 요소는 적극적인 경청입니다.

적극적으로 경청하기

적극적으로 경청하기란 관련된 주제 회상하기, 질문하기, 동의하기, 동의하지 않기, 논리적 결론에 이르기 등과 같이 분명하고 비판적인 사고 기술의 사용을 포함하는 것입니다. 그러나 적극적인 경청의 중요한 목적은 말하는 사람의 입장에서 던져 주는 메시지의 의미를 이해하는 것입니다. 다른 사람의 의견을 적극적으로 경청할 때마다 당신은 왜 적극적으로 경청해야 하는지를 더 잘 이해하게 될 것입니다. 당신의 목표는 자녀의 이야기를 가슴으로 듣고 귀와 눈으로 소화함으로써 말하는 자녀의 세상으로 가능한 한 깊이 들어가는 것입니다.

적극적인 경청이란 자녀가 말하는 것을 듣는 동안 판단, 평가, 비난,

해석, 어떻게 반응할 것인가를 생각하지 않는 것, 대화가 어디로 나아갈지 추측하지 않는 것, 또는 잠시 후 해야 할 전화 통화에 신경 쓰며 지금 여기에서 이야기하고 있는 자녀에게 관심을 보일지 말지 고민하는 것이 아닙니다. 적극적인 경청은 당신이 자녀로부터 받은 언어적·비언어적 단서를 이해하기 위해 무엇을 사용할지, 그리고 자녀가 어디로부터 왔는지, 자녀는 자신이 말하는 것을 어떻게 느끼는지, 왜 그런 방식으로 느끼는지, 그런 말을 하는 의도는 무엇인지에 온전히 집중하는 것입니다. 그렇다면 적극적으로 경청한다는 것을 어떻게 알 수 있을까요?

몇 가지 유용한 경청의 기술

반응적 경청
반응적 경청은 아래와 같을 때 사용하는 기술입니다.

- 당신이 받은 메시지가 너무 복잡할 때
- 당신이 모든 정보 또는 약간의 정보를 계속 기억하는 것이 중요할 때

반응적 경청은 자녀가 이야기한 단어를 당신이 이야기할 때 그대로

사용함으로써 자녀를 이해하는 것입니다. 여기에는 요약 질문과 반응적 진술이라는 두 가지 방법이 있습니다.

요약 질문

당신은 확실히 못하는 것을 바로 명확히 하기 위해 요약 질문을 사용할 수 있습니다. 요약 질문은 종종 다음과 같은 문장으로 쓰입니다.

> *"내가 이해한 바로는… 이것이 맞니?"*
> *"그래서 네가 말한 것은… 이것이 네가 한 말의 의미니?"*

예시

"내가 옳은 결정을 내렸는지 알고 싶어요. 당신은 문화센터에서 과목을 변경하고 싶지만 강사가 어떻게 반응할 것인지 걱정스럽습니다. 대학에서 과목을 변경하지 말고 그대로 생활영어를 듣도록 할 것 같다고 생각하지만 이것은 단지 당신의 예상일 뿐입니다. 내 말이 맞나요?"

요약 질문을 사용하는 것은 계속되는 대화 과정에서 다른 오해가 생기는 것을 막아 줍니다.

반응적 진술

당신은 자녀가 뜻하거나 바라고 생각한 것이 진짜 자녀의 의도인지 어떻게 알 수 있나요? 대부분의 부모들은 자신이 자녀에 대해 잘 알고 있다고 생각합니다. 그들은 자녀뿐 아니라 누군가가 무엇인가에 관해 이야기하는 것을 듣고 그것이 무엇을 의미하는지 재빠르게 생각하며, 가장 잘 이해되는 방식으로 본인이 믿고 싶은 의미를 선택합니다.

적극적인 경청자로서의 부모라면 그보다 더 멀리 나아가야 합니다. 자녀가 한 말의 의미를 추측하는 것을 넘어서 확신할 수 있는지 확인해 보아야 합니다.

이러한 경청을 반응적 경청이라고 합니다. 당신이 들은 말의 의미에 대해서 당신이 내린 최선의 추측을 반영하여 자녀에게 돌려주기 때문이지요. 이것은 확신, 부정, 수정을 필요로 하기도 합니다. 때에 따라서 반응적 경청은 질문의 형태일 수도 있고 간단한 진술문의 형태로 전달될 수도 있습니다.

온전히 경청할 때 당신은 자녀에게 감정을 이입하여 듣게 될 것이고, 이렇게 당신이 자녀에게 보내는 메시지는 매우 중요합니다. 당신은 자녀에게 "나는 너의 이야기를 정확하게 이해한다고 생각하고, 네가 어떻게 느끼고 있는지 이해하기 위해 노력 중이야."라는 메시지를 보내게 됩니다. 이러한 메시지는 신뢰를 쌓게 하고 보다 평등하며 열린 관계 구축을 가능하게 합니다. 이것은 또한 당신이 대답으로 건너뛰거나 대화의 주제를 바꾸거나 고치고 싶은 것에 대해 처방하기 전에 자녀에게 잠시 동안 '질문 안에 살게 하며', 다른 생각, 감정, 드러난 반응을 볼 수 있는 기회를 제공합니다.

 ## 온전한 경청의 주요 관점

부모 코치가 되기 위한 당신의 여행을 지원하면서 당신을 최고 수준의 온전한 경청자로 만들어 줄 몇 가지 지침이 있습니다. 이 지침은 어렵지는 않지만 새로운 행동을 요구하며, 적극적 경청을 제2의 천성이라 느끼기 시작하려면 충분한 연습이 필요합니다. 코칭 기술을 지속적으로 연마하기 위해서는 제대로 훈련할 필요가 있습니다.

1 온전한 경청자가 되기 위해 진심으로 몰입하기

온전히 듣고자 하는 소망을 하루에 몇 차례씩 자신의 의식 속에 떠올리세요. 왜 이 기술을 습득하고 연마하기를 원하는지, 이 기술이 당신에게 무엇을 해 줄 수 있는지, 또 당신이 이 기술을 완성했을 때 당신이 더 잘 돌봐 줄 수 있는 자녀를 떠올리세요. 자녀가 말할 때 언제나 세심한 부분까지 적극적으로 들으세요. 자녀가 보내는 메시지의 내용뿐 아니라 자녀의 마음속에서 이루어지고 있는 것들을 이해할 때 부모와 자녀 모두가 풍요로워집니다.

2 듣기 위해 잠시 준비하기

온전한 경청에 방해가 된다고 여겨지는 장애물과 잠재적 장애물을 제거하세요. 또한 당신 정신 속의 잡동사니를 치우고 선입견, 걱정거리, 헛된 공상 등을 없애 버리세요. 그런 것들은 나중에 쉽게 다시 생각해 낼 수 있습니다. 지금 이루어지고 있는 의사소통에 온전히 관심을 집중하세요. 그 시간이 길든 짧든 그것은 중요하지 않습니다.

3 자녀의 이야기가 끝날 때까지 기다리기

자녀가 이야기할 때 방해하지 마세요. 당신의 첫 번째 임무는 자녀의 말이 무슨 의미인지, 그리고 자녀가 그것에 대해 어떻게 느끼는지 정확하게 이해하는 것입니다. 만약 자신이 정확하게 이해했는지 확신할 수 없다면 자신이 들은 것을 더 명확하게 이해하거나 해석하기 위해 노력하는 대신 더 많은 정보를 얻을 수 있게 "그것에 대해 더 말해 줄 수 있니?"와 같은 질문을 던져 보세요. 다시 말하면 너무 빨리 결론 짓거나 문제를 해결하려고 하는 것은 부모로서 완성된 그림을 가지고 있지 못하다는 것을 알게 되었을 때 매우 큰 어려움을 야기할 수 있습니다.

4 자신이 가지고 있는 분석 기술 사용하기

자녀가 다른 주제로 넘어갔다면 이전의 주제에 너무 오래 머무르지 마세요. 명확함이 필요하고 놓쳤다는 느낌을 갖지 않는 이상 이야기의 흐름을 따라가세요. 자신이 말할 차례가 되었을 때 어떻게 반응할지 계획하기 위해 당신의 관심을 옮기지 마세요. 적극적이고 감정을 이입하는 코치로서 당신의 의도는 평론, 분석, 조언, 혹은 논쟁을 하자는 것이 아니기 때문입니다. 충분히 이해한 후에 메시지의 내용을 좀 더 비판적·논리적으로 볼 수도 있고 그렇지 않을 수도 있습니다. 여유를 가지세요.

5 비언어적 단서에 주의하기

비언어적인 단서를 볼 수 있는 것은 면대면으로 코칭할 때 얻을 수 있는 혜택입니다. 우리는 일상생활에서 모든 의사소통이 언어를 통해 이루어지지 않는다는 것과, 우리가 다른 이들에게 보내는 메시지의 대부분은 비언어적 형태(몸짓 언어)라는 것을 이미 알고 있습니다. 때때로 자세, 몸짓, 목소리 톤, 한숨, 근육의 긴장, 얼굴 표정은 실제로 말하는 것보다 더 많은 것을 관찰력이 높은 자녀에게 전달합니다. 중요한 신호에 집중하고 그것들을 인지하는 법을 배우세요.

특히 5장 '라포 형성'의 3번 카드를 보세요.

6 이해한 것을 확실히 하기 위해 가정(假定) 점검하기

전달된 전체 메시지에 대한 당신의 이해를 자녀에게 표현해 보세요.

> *"다소 네가 염려하는 부분이 느껴지긴 하지만 너는 그 팀에 들어*
> *가서 정말 신나는구나!"*

확인이나 정정을 기다리고 당신이 이해했을 때 표현하세요.

> *"좋아, 나는 지금 네가 말한 것을 이해한 것 같아."*
> *"알겠어. 네가 나와 얘기하기를 싫어하는 것은 아니구나. 너는 사*
> *실 누군가를 실망시키게 될까 봐 걱정하는구나."*

7 두 귀, 한 입의 비율로 듣기

신이 귀를 두 개, 입을 한 개로 창조한 것은 더 많이 들으라는 뜻으로 이해되곤 합니다. 그러므로 자녀가 말한 것의 두 배를 들으세요.

8 눈 맞춤 유지하기

눈 맞춤(eye contact)은 온전한 경청에서 중요한 의미를 지닙니다. 그러나 어떤 문화권에서는 눈 맞춤이 수용되지 않는다는 것을 기억하세요. 일본에서는 청자가 눈 맞춤을 피하기 위해 화자의 목 부분을 바라봐야 한다고 여겨지는 반면, 미국에서는 청자가 화자의 눈을 바라볼 것을 권합니다.

성인을 포함한 몇몇 사람들은 '불필요한 긴장' 이 눈 맞춤에 의해 혹은 눈 맞춤의 부족으로 발생한다는 것을 발견합니다. 이것이 당신에게 적용된다면 아마도 당신의 신념 체계(보통 비이성적인 신념)는 긴장과 짜증, 혹은 다른 감정을 유발하게 될 것입니다. 당신이 자녀와 직접적인 눈 맞춤을 하지 않는 한 당신의 비이성적 신념 체계의 일부는 반응하지 않을지도 모릅니다. 더구나 당신이 사회화되지 않은 사람이라면 자녀와 눈 맞춤을 하지 않기 때문에 반응하지 않을 것입니다.

그러므로 자녀를 위해 자녀에 대해 알고자 하는 것을 생각하고 질문하세요. 웃고 칭찬하세요. 자녀가 말하는 것에 관심을 보이세요. 이렇게 하는 것은 초점을 자기 자신에서 자녀로 바꾸고 자신의 스트레스와 불안을 완화시키는 데 도움이 될 것입니다.

눈 맞춤을 시작하거나 유지하지 못하는 것을 스스로 받아들이고, 더 나빠지지 않도록 하는 수준으로만 신경 쓰면서 더 나아지도록 적극적으로 노력하세요. 이로 인한 유익은 상당합니다. 자녀로 하여금 당신이 집중하고 있다고 느끼게 할 것입니다. 또한 노려보거나 눈 맞춤을 너무 오래하는 경우가 아니라면 직접적인 눈 맞춤은 긍정적인 감정을 측정할 수 있는 신뢰할 만한 지표이기도 합니다.

당신은 '얼마나 오래 눈 맞춤을 해야 할까? 라고 생각할지도 모릅니다. 그 대답은 당신이 불편하거나 자녀가 불편하게 느낀다고 당신이 알아차리는 바로 그 순간까지입니다. 당신은 곧 자녀와 암묵적인 규칙을 세울 수 있을 것입니다.

9 자녀가 대화 마무리 하는 것을 허용하기

당신이 얼마나 열광적으로 대화에 참여하고 조정하기를 바라는지는 그리 중요하지 않습니다. 자녀가 이야기를 마무리하도록 함으로써 자녀가 한 말을 존중한다는 것을 나타내세요.

10 대화 속에서 이용할 수 있는 모든 정보 수집하기

당신은 잘못된 결론을 내리기를 결코 원치 않을 것입니다. 이 대화가 당신이 이전에 경험한 비슷해 보이는 다른 대화와는 구별된다는 것을 확신하기 위해 대화가 끝날 때까지 기다리세요.

11 부모가 경청하고 있다는 것을 자녀가 알 수 있도록 반응하기

당신은 "네.", "알겠어요." 혹은 머리를 끄덕임으로써 반응할 수 있습니다. 간단하지만 이러한 반응은 경청에서 중요합니다. 반응을 해야 합니다.

경청을 방해하는 장애물

방금 들은 것에 반응하는 여러 가지 방법이 있습니다. 그러나 반응은 듣는 것과 같지 않습니다. 다음은 경청 과정을 방해한다고 알려진 반응의 목록입니다.

- 조언하기, 제안하기, 해결책 제시하기
- 논리로 설득하기, 논쟁하기, 가르치기
- 훈계하기, 설교하기, 해야 하는 것이 무엇인지 말하기
- 동의하지 않기, 판단하기, 비판하기, 비난하기
- 무조건 동의하기, 인정하기, 칭찬하기
- 해석하거나 분석하기, 말한 것을 왜곡하기
- 다른 것 생각하기(관심 부족)
- 재확인하기, 동정하기, 위로하기
- 꼬치꼬치 캐묻기
- 의견 철회하기, 마음 심란하게 하기, 웃기기, 주제 바꾸기
- 자기가 이해하지 못한 것을 추정하기
- 감정적인 단어와 용어에 지나치게 매달리기
- 외부 요인으로 인한 집중 방해

물론 이러한 반응은 절대 사용해서는 안 된다고 말할 수는 없습니다만 대화 중 특정한 때와 적절한 상황에만 사용할 것을 권합니다. 간과하지 말아야 할 것은 지지, 칭찬, 인정, 공감, 제안, 재확신과 같은 도움이 되고 긍정적으로 보이는 방법으로 반응하는 동안 온전한 경청을 놓치고 있는 것은 아닌지 깨닫는 것이 중요합니다. 긍정적 반응을 하느라 진솔한 마음으로 온전한 경청을 못했다면 당신은 더 중요한 무언가를 놓친 것입니다.

적극적 경청뿐 아니라 적극적 관찰로도 많은 것을 얻을 수 있습니다. 자녀는 종종 눈에 보이는 방법으로 그리고 몸짓 언어로 자신의 감정을 드러냅니다. 대부분의 아이들은 여전히 어떻게 혹은 왜 그들이 행동하는지 관찰의 중요성을 강화하면서 배우고 있습니다. 만약 높은 수준의 공감을 하기보다 자녀가 느끼는 기분 속으로 들어가려는 노력을 보인다면 자녀의 마음속으로 들어가서 느낄 수 있으며, 이것은 부모와 자녀 사이에 강력한 관계를 형성하고 강화하는 데 핵심적인 역할을 합니다.

마지막으로, 당신과 자녀를 위해 이성과 감정 사이에 균형을 유지해야 한다는 것을 기억하세요.

9장 '스트레스 조절하기'의 35번 카드를 보세요.

이 책에서는 독자가 친근감을 가지고 읽도록 하기 위해 영어 이름을 한국어로 바꾸었으며, 옮긴이가 사용하는 코칭기술과 형태로 용어를 바꾸어 번역하였습니다.

✳ Exercise One

질문과 경청

지금 당신이 거의 모르는 것에 대해 질문하고 대답을 들어 보세요. 그것에 대해 어떤 중요한 점을 알게 되었나요?

1._____

_____

2._____

_____

3._____

_____

4._____

_____

솔로코칭

자녀와 대화할 기회가 생긴다면 무엇을 다르게 해 볼 수 있나요?

1._____

_____

2._____

_____

3._____

_____

4._____

_____

CHAPTER 4

자녀의 성장

Grow your Kids!

이제 당신은 부모로서 자녀에 대한 의식의 수준과 책임감을 기르는 것이 코칭의 중요한 측면이라는 것을 알게 되었을 것입니다. 자녀를 잘 키우려는 부모의 진정한 의도는 이제까지 자녀가 불가능하다고 믿어 왔던 것들을 할 수 있도록 힘을 실어 주는 것입니다. 실제로 우리 아이들은 스스로 삶을 책임지길 원할 것입니다.

이는 깨닫는 질문을 하는 것으로 시작됩니다.

우리는 코칭을 하는 방법 또는 모델로 'GROW' 모델을 제안합니다. 이 모델을 자연스럽게 사용하기 위해서는 많은 연습이 필요하지요. GROW 모델을 적용하는 것이 충분히 연습되지 않았을 때, 당신은 오랜 대화 후에야 제시된 지침과 다르게 말했다는 것을 알게 될지도 모룹니다. 하지만 걱정하지 마세요. 우리의 목표는 당신이 GROW 모델을 적용하는 것을 충분히 연습해서 이것이 습관이 되고 자연스럽게 느껴지게 되는 것이니까요.

존 휘트모어 경(Sir John Whitmore)은 그의 저서 『성과 향상을 위한 코칭 리더십(Coaching for Performance)』[8]에서 GROW 모델을 지지했습니다. 물론 코칭 모델에는 SCORE, LASER, 5QF, Succeed 등을 포함하여 여러 가지가 있지만, GROW 모델은 누구나 쉽게 사용하고 빠르게 마스터할 수 있는 탁월한 코칭 모델이라고 생각합니다.[9] GROW 모델을 적용할 때 반드시 여기서 제시한 순서대로 할 필요는 없으나, 우리는 경험을 통해 현재의 상황을 점검하는 것[모델에서는 현재 상태(Reality)]이 유용한 시작점이라는 것을 발견했습니다. 왜냐하면 이것은 "너에게 변화가 필요하다는 것을 너는 어떻게 알게 되었니?"라는 질문으로 말을 걸기 때문입니다. 코칭에 익숙한 코치는 다른 좋은 모델들을 이미 알고 있으며, 따라서 자신이 가진 자원과 GROW 모델을 통합하여 사용할 것이라고 생각합니다.[10]

당신의 마음속에서 가장 중요하다고 생각하는 양육 태도를 떠올려 보세요.

---

8 추천 도서를 참고하세요.

9 옮긴이는 최근에 코칭 모델을 제안하였습니다.

10 옮긴이 역시 그렇습니다. 중요한 것은 모델이 지닌 의미를 재인식하고 사용한다는 것입니다.

"자녀가 당신에게 도움을 요청하는 어려움이나 문제의 해결 방법을 당신 스스로 알 수 있도록 우리가 도울 수 있는 최선의 방법은 무엇일까요?"

만일 위의 질문이 당신의 목표(Goal)라면 당신은 자녀의 목표를 어떻게 발견할 수 있을까요? 다음 그림은 이 접근에 대해 이해하는 데 도움이 될 것입니다.

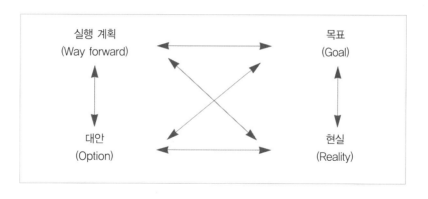

위의 그림을 보면서 자녀에 대한 다음 질문들에 대해 곰곰이 생각해 보세요.

- *자녀의 목표(Goal)는 무엇인가요? 그들은 무엇을 하길 원하나요?*
- *지금으로 현재 상태(Reality)는 어떠한가요? 어떤 일이 일어나고 있으며, 당신이 간과한 부분은 무엇인가요?*

> • 자녀는 목표를 이루기 위해 무엇을 <u>선택(Option)</u>할 수 있을까요?
> • 자녀는 무엇에 빠져 있나요? <u>실행 계획(Way forward)</u>은 무엇일까요?

우리는 GROW 모델의 구성 요소에 대해 알아볼 것입니다. 여행을 시작하기 전에 중요한 사항을 정리해 봅시다. 보통 처음에는 목표에서 시작하는 것이 가장 좋습니다. 그다음에는 순서에 상관없이 상황이 흘러가는 데 맞추어 각 단계를 유연하게 적용할 수 있습니다. 한 단계에서 시간을 너무 많이 지체하지 말고 각 단계에서 목표와의 연관성을 끊임없이 생각해 보세요. 인내심을 가지고 넘어가고 이후에 더 세부적인 것을 얻기 위해 다시 돌아오세요. 당신이 하고 있는 자녀와의 코칭이 효과가 있을 것이라는 작은 믿음과 실천이 유연해질 수 있도록 도와줄 것입니다. 당신을 탁월한 코치가 되도록 이끌어 줄 우리를 믿으세요. 이것은 분명히 효과가 있습니다!

실행 계획(Way forward)은 제일 마지막을 위해 남겨 두세요. 그 이유는 짧게 설명할 수 있습니다. 당신이 코칭하고자 하는 것에 대하여 자녀가 분명히 알 수 있도록 하는 것은 성공을 이루기 위한 여행의 첫 단계입니다. 일부 코칭 모델에서는 이것을 '화제(topic)' 또는 '주제(subject)'라고 부릅니다. 코칭 주제에 대해 당신이 이해한 것과 자녀가 이해한 것이 같은지 확인함으로써 주제를 간결하게 유지해야 합니다. 일례로 이렇게 말해 보세요. "우리가 지금 네 숙제 점수에 대해서 얘기하고 있는 거니? 아니면 그것이 필요로 하는 기준에 맞게 숙제를 할 시간이 부족하다는 것에 대해서 얘기하고 있는 거니?"

자녀가 목표를 설정하는 것을 당신이 도울 수 있다고 생각하기 전에 이미 자녀가 목표에 관해 여러 가지 도전적인 욕구와 문제 등을 가지고 있다는 것을 기억하세요. 질문을 상황에 맞게 만들어 보세요. 일단 당신이 아이의 목표에 대해서 대화를 시작하면 목표가 보다 명료해지고 당신과 자녀 모두에게 도움이 될 것입니다. 대화가 진행됨에 따라 목표가 점점 더 명확해지고 이를 통해 처음 주제라고 생각했던 것과 다른 진짜 코칭 주제가 다시 정의되고 논의되더라도 놀라지 마세요.

 목표

"실행 계획이 있는 꿈"

목표의 힘은 굉장합니다. 우리의 모든 성공은 우리가 무엇을 갖거나 성취하기를 원하는지에 따라 결정되며, 이를 위해 우리 마음에 목표를 만드는 것은 우리로 하여금 성공에 다다르게 합니다.

미국의 최고 대학 중 한 곳에서 장기적으로 학생들의 직업적 성공을 결정짓는 것이 무엇인지를 알아보는 조사가 수행되었습니다. 연구에 따르면 3%의 학생들만이 마지막 학년이 끝나기 전에 자신의 목표를 글로 적어 놓았습니다. 졸업하고 나서 20년 뒤, 목표를 글로 적었던 사람들은 목표를 적지 않았던 나머지 97% 사람들이 가진 재산의 총합만큼을 모았습니다. 수십 년 동안 진행되었던 이 연구 결과는 매우 강력하여 주목하지 않을 수 없습니다만, 애석하게도 지금은 하나의 일화로 여겨지고 있습니다.

그런데 나(David)는 마음속 목표와 적어 놓은 목표 사이에서 왜 성공의 차이가 발생하는지 알게 되었습니다. 나는 내가 얼마나 자주 기록한 목표와 그에 따른 결과를 검토하고, 실제 어떤 일이 발생했는지 알게 되었을 때 매우 놀랐습니다. 나는 3년 동안 우리 사업의 목표를 기록해 놓았던 오래된 학습 일지를 자세히 살펴보았습니다. 거기에 써 놓은 목표들은 대부분 18개월 안에 이루어졌습니다. 나는 이 사실을 깨닫고 매우 놀랐습니다. 이런 놀라운 일은 고객과의 사이에서도 여러 번 일어났습니다.

자녀의 언어 기술과 이해 수준에 따라서 '목표 단어(goal word)'에 주의를 기울여야 합니다. 어떤 아이들은 당신이 요구한 '목표'라는 단어에 반응하기보다 "네가 성취하려는 것은 무엇이니?" 또는 "여기서 너의 목표는 무엇이니?"에 더 관심을 보입니다. 따라서 여유를 가지고 당신의 의도와 결과를 어떻게 표현할지 생각하는 것은 코칭 대화에서 아주 중요한 부분입니다. 더 많은 내용을 알고 싶다면 5장 '라포'를 참고하세요.

목표를 설정할 때 성취하고 싶은 목표에 대해 깊이 생각한 다음 종이에 기록으로 남기는 두 단계의 과정을 거치면 목표를 실현하는 힘이 커진다는 것을 기억하세요. 또한 목표를 적기만 하고 주기적으로 검토하지 않고 "난 내 목표를 알고 있어."라고 말하는 식의 함정에 빠지지 말아야 합니다.

아이와 목표에 관해 이야기하고 싶다고 느낄 때, 아이가 무엇을 성취하고 변화시키고 싶어 하는지 알려면 다음과 같이 물어보세요.

> "미래에 네가 원하는 상황을 상상해 보고 엄마/아빠에게 설명해 줄래?"

아이에게 원하는 목표를 사진처럼 볼 수 있고, 들을 수 있고, 느낄 수 있도록 질문하여 살아 있는 목표로 만들어 보세요. 우리가 가진 상상의 힘은 매우 놀랍습니다. 이것은 미래에 성취할 목표를 미리 경험하는 것이며, 강한 동기를 부여해 줍니다. 아이가 목표를 이루기 위해 완전히 몰입할 때 현재 상태, 대안, 실행 계획에 대해 질문하여 목표를 더욱 분명하게 만들어 주세요.

> "보고, 듣고, 느끼고, 냄새 맡고, 맛보는 것 중 어떤 것을 경험했을 때 너의 목표가 잘 성취되었다고 생각되니?"

자녀와 함께 목표를 정했다면 이제 자녀의 현재 상태를 점검해 보세요.

 ## 현재 상태

현재 상태란 어떤 의미일까요? 생각해 보아야 할 것은 당신에게 현재 상태인 것이 자녀에게는 그렇지 않을 수도 있다는 것입니다. 다시 말하면 여기서 중요한 것은 자녀의 현재 상태이지, 당신의 현재 상태가 아니라는 것입니다. 어떤 두 사람도 세상을 같은 방식으로 경험하지 않습니다. 심지어 일란성 쌍둥이도 같지 않지요.

자녀에 대한 당신의 태도는, 지금까지는 불가능하다고 믿어 왔던 것을 아이가 할 수 있도록 힘을 실어 주는 것임을 기억하세요. 자녀와 나누는 모든 대화에서 그들의 말을 들어 주세요. 아이들은 이미 자기 안에 해답을 가지고 있습니다. 당신의 목표는 자녀가 어떻게 자신의 목표를 스스로 성취할 수 있는지 알도록 도와주는 것입니다. 아이의 조언자가 되기 위해 끊임없이 노력하세요.

그들이 지금 어디에 있는지(현재 상태) 확인하기 위해 다음과 같은 질문이 필요합니다.

"요즘 네가 신경 쓰는 것은 무엇이니?"
"요즘 네가 어렵다고 느끼는 것은 무엇이니?"
"요즘 너에게 좋은 기회라고 생각되는 것은 무엇이니?"

그런 다음 이렇게 질문하세요.

"어떤 일이 생겼을 때, 네가 원하는 현재 상태에서 부족한 것은 무엇이니?"

이제 당신은 아이가 원하는 것(목표), 그리고 아이가 지금 '자신의 세상에서'(현재 상태) 어디에 있는지를 알게 되었습니다. 다음 단계는 아이가 현실과 목표 사이에서 발견한 차이를 좁히기 위한 대안을 만들어내도록 돕는 것입니다.

 대안

솔직히 말해서, 우리 대부분은 어떤 일을 하는 데 언제나 하나 이상의 방법이 있다는 것을 마음속으로 알고 있습니다.

아이들은 풍부한 상상력을 가지고 있습니다. 그 상상력이 눈에 보이는 듯 생생하다면 더욱 좋습니다. 그러므로 그들에게 창의적으로 목표를 달성하는 여러 가지 방법을 생각하고 그 일에 도전하는 것을 즐기라고 이야기해 주세요. 부모로서도 자녀를 돕기 위한 최고의 방법을 찾거나 또는 최고의 대안을 선택할 것입니다.

과거에 갇혀 있는 것 같았던 기분을 생각해 보세요. 사실 과거의 상황에서 빠져나오는 단 하나의 최고의 방법이나 단 하나의 최악의 방법은 없습니다.

자녀가 창의성을 발휘하도록 다음과 같이 말해 보세요.

> "네가 할 수 있는 것을 최소한 여섯 개 정도 말하고 적어 보렴. 깊이 생각하지 말고 어떤 것도 가능하다고 생각하고 그냥 적어 내려가면 돼."

시간 제약이 있다면 꼭 글로 적지 않아도 좋습니다. 결과적으로 선택을 해야 하므로 여섯 개 대안 중에서 적어도 두 개를 가지고 시작해 보는 것도 좋습니다. 이것은 매우 중요합니다. 이제 당신은 자녀가 설정한 목표를 이루기 위해 새로운 현재 상태를 창조하기 시작하면서 그들이 선택한 대안에 전념하기를 원할 것입니다. 그렇다면 목표를 이루기 위한 실행 계획은 무엇일까요?

실행 계획

통찰력 없이 한 행동은 문제를 일으킬 수 있으나 사실 행동 없이는 어떤 일도 일어나지 않습니다.

당신의 코칭은 자녀가 더 이상 어려움에 빠지지 않고 그들의 소중한 목표 쪽으로 움직이도록 이끌어 줄 것입니다. 실제로 이 코칭 회기는 자녀가 목표를 이룰 수 있도록 행동하는 데 100% 전념할 때 끝날 것입니다. 앞서 언급했듯이, 목표를 명확하게 만들기 위해 당신은 꽤 자주 GROW 모델의 여러 단계들을 왔다 갔다 해야 할 것입니다.

이제 자녀는 목표를 가지게 되었고, 지금 무슨 일이 일어나고 있는지 그리고 무엇을 잃었는지, 어떤 것이 목표를 이루는 데 도움이 될지 알고 있으며, 몇 가지 대안을 만들었습니다. 자녀에게 다음과 같이 질문해 보세요.

1. "어떤 대안에 가장 관심이 있니?"

대부분의 경우 아이는 그 이유에 대해 설명하지 않을 것이며, 당신 또한 아이에게 이유를 설명하라고 할 필요가 없습니다. 중요한 것은 관심이 가는 이유를 아는 것이며, 행동화할 동기가 부여되었느냐는 것이기 때문입니다.

> 2. *"너는 무엇을 할 예정이며, 언제 할 거니? 네가 선택한 대안들을*
>   *완수하기 위해서 네가 반드시 해야 하는 행동의 목록을 작성해*
>   *보렴."*

이 질문은 자녀가 선호하는 대안을 선택하도록 도와줄 것입니다. 만약 자신이 찾아낸 어떤 대안에도 전념하지 못한다면, 진심으로 하고 싶은 일을 할 수 없을 때를 상상하고 어떤 기분인지 느껴 보게 하세요.

다음으로 목표 설정에 있던 두 번째 질문으로 돌아가 다시 질문해 보세요.

> 3. *"보고, 듣고, 느끼고, 냄새 맡고, 맛보는 것 중 어떤 것을 경험했*
>   *을 때 너의 목표가 잘 성취되었다고 생각되니?"*

일단 당신이 이것에 대한 정보를 얻게 되었다면 자녀의 몸짓 언어, 어조, 그리고 전체적인 '상태'에 관심을 가지고 자녀가 무엇을 했는지 다시 만나 검토할 시간을 정하세요. 이상적인 기간은 1주일이지만 현실을 고려하여 2주일 이내로 정하는 것이 좋습니다.

그동안에 아이가 또 다른 주제, 도전, 또는 기회를 당신에게 가져온다면 아이의 목표를 찾는 것에서 다시 시작하세요. 만약 행동하는 과정에 전념하지 못한다면 대안, 현재 상태, 목표에 대해 다시 이야기를 나누어 보세요.

다음 표는 이 모델의 각 주제 영역에서 제시한 기본적인 질문들을 간단히 요약한 것입니다. 당신의 배움이 확장되도록 앞에서 언급한 것들 중에서 필요하다고 생각되는 것을 덧붙여도 좋습니다. GROW 모델에 대하여 더 많이 알고 싶다면 당신과 같은 사람들을 위해 다양한 영역의 전문가들이 준비한 질문 목록을 찾아볼 수 있을 것입니다. 질문 중 실제로 사용해 보고 자신에게 잘 맞는 것을 찾기 바랍니다. 그렇게 한다면 당신은 절대로 실패하지 않을 것입니다. 오히려 훨씬 나은 부모 코치가 되기 위해 다른 방법을 찾는 과정이라는 것을 명심하세요.

목표(Goal)	현재 상태(Reality)
• 미래에 네가 원하는 상황을 상상해 보고 엄마/아빠에게 설명해 줄래? • 네가 목표를 성취했다는 것을 알 수 있는 경험은 무엇이니? • 네가 성공했는지 알 수 있는 다른 것은 무엇이니? • 목표를 이룬 너 자신을 떠올릴 때 어떤 모습을 상상할 수 있니? (너는 반드시 그 목표가 이루어진 시간과 규모를 생각해야 해. 다음 주? 다음 달? 내년? 그리고 그것은 현실적이어야 한단다.)	• 요즘 네가 신경 쓰는 주제나 어려운 일 또는 기회라고 생각되는 일은 무엇이니? • 네가 생각했던 현재 상태와 달라서 더 채워야 할 것은 무엇이니? • 네가 바라던 것과 비교해서 네가 성취한 것은 무엇이니? • 네가 앞으로 나아가기 위해 행동하는 것을 방해하는 장애물은 무엇이니?

대안(Option)	실행 계획(Way forward)
• 네가 할 수 있는 것을 최소한 여섯 개 정도 말하고 완벽하게 적어 보렴. 깊이 생각하지 말고 어떤 것도 가능하다고 생각하고 그냥 적어 내려가면 돼. • 어느 누구에게도 설명하거나 대답할 필요가 없다면 너는 무엇을 할 수 있겠니? • 시간이 무한하다면 너는 무엇을 할 수 있겠니?	• 너는 무엇을 할 예정이고, 언제 할 거니? 네가 선택한 대안들을 완수하기 위해서 네가 반드시 해야 하는 행동의 목록을 작성해 보자. • 네가 선택한 것을 완수하기 위해서 하고자 하는 일들의 목록에 포함되어야 할 사람이 있니? • 언제 그 사람에게 말할 거니?

수고하셨습니다!

당신은 자녀가 어떻게 스스로 문제를 해결하고 도전하는지를 아는데 도움을 줄 수 있는 최선의 방법을 찾았습니다.

당신과 나는 충분한 칭찬을 하거나 받을 수 없을 것입니다. 그러나 당연히 여기에 쓰인 칭찬은 마음에서 우러나온 것이며, 숨은 의도나 다른 목적이 없는 것임을 기억하세요.

 ## 앞으로 나아가기 위한 실행 계획

자, 당신의 목표는 자녀가 자신의 꿈을 상기하고, 이와 관련된 일을 학교에서 좀 더 현명하게 열심히 하거나 스포츠, 취미, 여가 활동에 좀 더 전념하도록 돕는 것이라고 가정해 봅시다.

어쩌면 현실은 아마도 자녀가 기분이 상하거나 화가 나서 집으로 돌아오는 상황일 수 있습니다. 또는 자녀가 노래, 연기, 차를 고치는 데 재능이 있음을 발견하는 기회를 포착할 수도 있고 명문 대학에 입학할 수도 있습니다.

만약 아이가 화가 났거나 집 안에만 틀어박혀 있다면 당신은 아이가 따돌림을 당하고 있으며 그 상황에서 벗어나고 싶어 한다는 것을 알게 될지도 모릅니다. 아이의 기분이 좋지 않다면 친구와 사이가 멀어졌거나 선생님한테 무시를 당했을 수도 있고요. 아이는 자신의 재능을 어떻게 계발해야 할지 모르거나, 자기가 대학에 갈 수는 있는지 그리고 성공할 수 있을지에 대해 모를 수도 있습니다.

자녀가 앞으로 나아가도록 당신이 도울 수 있는 대안은, 괴롭힘을 알리고, 아이를 괴롭히는 친구들을 미워하는 대신 친구로 받아들이거나 태권도 수업을 받도록 하는 것일 수 있습니다. 그리고 자녀의 친구들 초대하기, 학교에서 더 열정적인 모습 보여 주기, 자기 자신을 믿는 것, 또는 시간제 일 하기, 레슨 받기, 학습 비디오 보기, 책 읽기, 전문가 만나기, 대학 교육에 대해 살펴보기, 진로 계획 돕기 등이 될 수도 있습니다.

실행 계획은 각각의 대안을 고려해 보고 이 중 몇 개를 선택하도록 한 후, 그것이 자녀에게 어떤 의미가 있는지 살펴보는 것입니다, 그리고 자녀에게 최선의 것 하나를 선택하는 것입니다.

이러한 코칭 과정을 경험하고 나면 당신은 자녀가 전에 경험하지 못한 깊은 수준의 자신감을 가지고 삶을 풍요롭게 만들어 간다는 것을 재인식할 수 있을 것입니다. 자녀에게 영향을 주기를 바라거나 도와줄 때, 겁을 주거나 상벌에 의지하는 것이 아니라 오직 라포를 형성함으로써 자녀를 위해 당신이 원하는 것들을 이룰 수 있습니다. 우리는 배움을 좀 더 즐겁고 쉽고 빠르게 만드는 방법을 사용할 수 있습니다. 그리고 마지막으로, 우리에게 유익하게 '스트레스'를 적절히 사용할 수도 있습니다.

✱ Exercise Two

자녀 성장시키기

코칭 모델에 대해서 읽은 지금, 무엇을 발견했나요?

1. _____
   _____
2. _____
   _____
3. _____
   _____
4. _____
   _____

솔로코칭

이 지식을 알고 난 후 무엇을 다르게 할 수 있을까요?

1. _____
   _____
2. _____
   _____
3. _____
   _____
4. _____
   _____

5
CHAPTER

라포

Rapport

"만약 당신이 다른 사람과 정말 잘 지내고 있다면 당신과 그 사람 사이에 라포가 형성된 것이다."

이 장의 목적은 다음과 같습니다.

- 당신과 자녀 사이의 라포 향상
- 당신과 자녀에게 영향을 주는 라포 기술의 숙련

이 장은 아이와 당신이 대화를 한다는 전제하에 쓰였고, 만약 당신이 아이의 입장이 되고 아이의 귀가 된다면 더욱 도움이 될 것입니다.

 ## 코칭 카드

　이 장에서는 코칭 카드의 개념을 소개합니다. 우리가 발견한 한 가지 접근법은 아이에게 카드를 읽힌 다음 아이와 그것에 대해 대화를 나누는 것입니다. 또 다른 접근법은 이 장을 읽은 후 어떤 카드가 당신과 아이 모두가 최선을 다하는 데 도움을 줄 것인가에 대해 선택하는 것입니다.

　각 카드에는 몇 가지 질문이 적혀 있습니다. 카드에 적힌 일반적인 문구는 생각해 볼 만한 것들입니다. 이탤릭체로 쓰인 질문에 대해서는 아이와 함께 탐구해 보세요.

 ## 신뢰

　어떤 코칭이든 높은 수준의 신뢰를 필요로 합니다. 실제로 신뢰에 주의를 기울일 필요가 있다고 느낄 경우, 당신은 신뢰를 얻고 구축하기 위해 여러 선택을 해 왔습니다.

"네가 나를 더욱 믿게 하기 위해 엄마/아빠는 무엇을 할 수 있을까?"

"우리는 어떻게 신뢰를 다시 쌓을 수 있을까?"

"어떻게 누군가에게 네가 믿을 만한 사람이라는 확신을 줄 수 있을까?"

"어떻게 하면 네가 어른들을 신뢰할 수 있게 엄마/아빠가 도와줄 수 있을까?"

특정 영역에 대한 신뢰에 관해서는 다음과 같습니다.

"네가 확신하지 않는 것에 대해 내가 무엇을 도울 수 있을까?"

"엄마/아빠는 이 분야가 생소하기 때문에, 네가 나를 신뢰할 수 있도록 시간을 내줄 수 있을까?"

코칭 진행 과정을 계속 관찰하면서 아이와 당신 자신에게 다음 질문을 해 보세요.

"나/우리가 어떻게 하고 있지?"

다음 카드에 적힌 메시지는 신뢰의 힘과 함께 다른 한편 깨지기 쉬운 속성 모두를 떠오르게 합니다.

01 신뢰

내가 당신을 믿을 수 있을까요?

만약 내가 당신을 믿을 수 있다면 나는 당신에게 마음을 열고 안정감을 느끼며 솔직해질 것입니다.

그러나 만약 내가 당신을 믿을 수 없다면 나는 내 자신을 방어하고 불안해하며 솔직하지 못할 것입니다.

믿음은 항상 설명되지는 않는 하나의 느낌입니다.

나는 당신을 이런저런 이유로 신뢰할 수 있습니다.

신뢰하는 이유가 당신의 본성 때문은 아닙니다.

신뢰가 쌓이는 데는 몇 년이 걸리지만 단 1분 만에도 신뢰가 무너질 수 있습니다.

신뢰는 놀랍습니다. 나를 성장시키고 당신을 더욱 존중하게 합니다.

신뢰는 우리의 관계를 즐겁게 만들어 주며, 서로 배우고 도와주는 원천이 됩니다.

당신이 나를 더욱 믿을수록 나는 통제받는 느낌이 덜 듭니다.

내가 통제받는 느낌을 덜 받을수록 책임감이 커집니다.

당신이 믿을 만해 보이고 믿을 만한 말을 하므로 나는 내가 느끼는 것에 집중할 수 있습니다.

존중

존중과 신뢰는 다릅니다. 존중은 개인이나 관계에 더 큰 가치를 두는 것입니다. 당신은 누군가를 믿지만 그 사람에게 거의 신경을 쓰지 않을 수도 있습니다.

당신이 누군가를 존중할 때, 그 사람이 존중할 만하거나 그의 성취 때문에 존중하겠지만 그를 믿지는 않을 것입니다.

어떻게 자기 자신을 존중할 수 있을까요?

아이를 코칭하는 부모는 아이를 존중해야 합니다. 아이를 존중한다는 것은 아이를 하나의 인격체로 존중한다는 의미이지 반드시 아이의 행동을 존중한다는 의미가 아닙니다. 이는 아이의 의견을 들어주고, 의견이 다르더라도 아이를 사랑해 주며, 아이가 세상에 대해 어떻게 배우고 세상을 향해 나아가는지 이해하는 것이고, 시간을 주는 것입니다.

2번 카드는 이런 점에 초점을 맞추었습니다.

존중을 키우는 데 도움이 될 질문은 다음과 같습니다.

"의견 차이가 날 때, 존중을 다시 얻거나 유지하려면 무엇을 해야 할까?"
"어떻게 하면 엄마/아빠가 너를 더 존중할 수 있을까?"
"너는 너 자신을 어떻게 더 존중할 수 있을까?"

02 존중

당신은 내가 생각하는 것을 가치 있게 여깁니까?

당신이 나를 존중하지 않는다면 나는 잃을 게 없고 우리는 서로에게 동의할 수 없습니다. 당신이 나를 존중한다면 내가 나 자신을 존중하고 당신을 존중하기가 더 수월해집니다.

나는 화가 나면 언제나 말하기가 싫어집니다. 가끔 나에게 마음을 가라앉힐 시간을 주어야 합니다.

내가 말을 할 때 내 말을 막지 말고, 당신이 무엇을 생각하는지 내게 말해 주세요. 화난 일에 관해 물어도 당신에게 말해 주기는 힘드니 대화하기 편한 상황을 만드세요.

마음속에 담아 두기만 하면 문제가 커지기 때문에 나에게 마음을 열면 좋겠습니다.

내 느낌이 어떤지 당신이 알아주었으면 하고, 당신이 생각하는 바를 내게 알려 주고 함께 협력했으면 합니다.

그리고 내가 무너지지 않았다는 것, 그리고 그런 식으로 판단할 필요가 없다는 것을 깨달을 때 당신은 나를 존중하는 것입니다.

내가 어떻게 배우는지 알았을 때 당신은 나를 존중하고 내가 그것을 깨닫고 행동할 수 있게 도와주세요.

당신이 스스로를 존중할 때, 나도 당신을 존중합니다.

 몸짓 언어

당신이 무엇을 말하고 어떻게 말하는가보다는 당신이 어떤 상태로 상호 작용하는가가 라포 형성의 중요한 부분을 차지합니다. 이러한 라포는 우리가 우리 자신을 어떤 상태로 유지하고 어떻게 움직이는가를 통해 명확하게 드러납니다. 구체적인 내용을 다루기 전에 다음 질문을 해 보세요.

"라포를 형성하고 있다는 것을 어떻게 알 수 있을까?"
"라포를 형성하기 위해 무엇을 하니?"
"라포를 어떻게 유지하니?"
"라포를 형성하지 못한 경우 어떻게 회복하니?"

3번 카드는 '적절한' 행동과 '적절하지 않은' 행동을 묘사한 것입니다. 아이의 자세와 몸짓을 적절하게 맞춰 주면 당신은 아이에게 긍정적인 영향을 미칠 것입니다. 이는 과도하게 표현되거나 우스워 보일 수 있기 때문에 조심스럽게 조정해야 하지요. 어차피 드러나게 마련이므로 행동을 교묘히 속이는 시도는 하지 않는 것이 좋습니다.

우리의 눈동자가 움직이는 방식은 우리가 그림이나 소리를 기억하는지, 우리 자신에게 말을 하고 있는지, 그림이나 소리를 만들어 내고 있는지, 우리의 감정을 느끼는지에 대한 단서를 줍니다.[11] 우리가 눈 맞춤을 유지하려 해도 이런 경우가 발생할 것입니다.

얼굴을 마주 보고 대화할 경우,[12] 어떤 메시지든 우리의 말 속에 전달 효과의 7%가 담겨 있고, 말소리 톤에 35%, 그리고 나머지 58%는 비언어적 몸짓, 즉 보디랭귀지(body language)에 포함된다고 알려져 있습니다.

물론 특정 언어가 큰 효과를 내어 우리의 음조와 몸짓 언어를 인식하지 못하는 경우가 많습니다만, 아마도 이럴 때는 몸짓 언어를 더욱 인식해야 하지 않을까요?

일단 친구와 다음 내용을 시도해 보고, 그런 다음 당신의 아이와 1~2분 동안이라도 해 보세요. 이는 몸짓 언어의 중요성을 이해하는 데 도움이 될 것입니다.

언어적으로는 서로 동의하고, 비언어적으로 동의하지 않는 행동을 합니다.

언어적으로 서로 동의하지 못할 때, 비언어적으로 동의한다는 메시지를 담은 행동을 합니다.

---

11 NLP(Neuro-Linguistic Programming)에 관한 기본 저서를 참고하세요. Joseph O'Connor와 Ian McDermott, pub Thorsons(2001)의 'NLP 방법', 『너와 나를 사랑으로 묶는 끈 NLP』, 『우리 아이 속에 잠든 거인을 깨우는 NLP』(Team Dolphin 지음, 이소희·심교준 옮김, 2007)를 추천합니다.

12 이 수치는 상당한 연구를 기반으로 합니다. 이는 상황에 따라 달라질 수 있고, 그에 따라 의미가 더 강력할 수 있습니다.

"무엇이 더 나은 라포를 가능케 할까?"
"네가 배운 것을 어떻게 활용할 수 있니?"
"어떻게 그리고 언제 배운 것을 적용해 볼래?"

다음 두 카드를 읽고 아래 질문을 해 보세요.

"사람들이 대화할 때 너는 무엇을 알고, 듣고, 느끼니?"
"대화할 때 너는 어떤 내적 그림/이미지, 소리, 느낌을 경험하니?"

누군가를 좋아하지 않지만 그 사람과 대화를 하고 싶거나 대화할 필요가 있을 때 어떻게 합니까? 관계의 중요도에 따라 당신은 상대를 좋아하는 척 행동할 것입니다. '긍정적인 생각'은 놀라운 일을 만들어 냅니다.

03 몸짓 언어

나는 당신이 행동하는 대로 혹은 말하는 대로 행동해야 하나요?

그 이유는 모르겠지만, 당신이 천장을 보면서 내게 사랑한다고 말할 때 나는 당신의 말을 믿을 수 없습니다.

때로 우리는 다투기도 하지만 나는 여전히 환영받고 당신으로부터 도움을 받는 느낌입니다.

나는 당신이 나처럼 앉거나 설 때 서로 의견이 같다고 생각합니다.

당신이 내 말에 동의하더라도 몸을 돌리고 있거나, 나와 다르게 앉거나 서면 서로 의견이 다르다고 생각합니다.

기분이 좋을 때에는 마치 우리가 서로를 지탱해 주는 북엔드처럼 보일 때도 있지요.

당신이 나를 볼 때 실재의 나를 느끼는 듯합니다.

나를 닮은 목소리며 동작… 마법과 같아요!

 언어의 힘

　몸짓 언어가 매우 강력한 힘을 발휘할 수 있는 반면에 단어 하나만 잘못 선택해도 관계가 깨질 수 있습니다.

　언어는 큰 영향력을 지니고 있습니다. 이런 영향력의 특성은 언어에 숨은 에너지, 음조와 몸짓 언어의 형식, 의도에 따라 달라질 것입니다. 아이를 기르고 소통하는 과정에서 우리가 하는 말은 매우 중요합니다.

　4번 카드에 있는 처음 다섯 개의 질문은 메시지가 행동이나 개인에게 어떻게 작용하는지를 보여 줍니다. 행동은 변할 수 있지만 우리 자신을 변화시키기는 참 어렵습니다!

　자기 이름이 '아니요(No)' 라고 생각하며 자란 아이에 관해 들어 본 적이 있나요?[13]

---

[13] 우리는 이에 관한 정확한 참고문헌을 제시할 수는 없지만 고통받은 수많은 불쌍한 영혼들이 있습니다. 데이브 펠저(Dave Pelzer)는 『어둠의 아이(A Child Called It)』라는 책을 시작으로 비극의 3부작을 출간했습니다. 이제껏 들어 보지 못한 최악의 양육 상황을 극복한 이야기를 알고 싶다면 이 책을 읽어 보세요.

04 한 단어가 수천 개의 그림을 그리다

바보같이! 나는 바보랑 비슷할까?

내 행동이 바보 같은가, 아니면 내가 바보인가?

내 행동이 절망적인가, 아니면 내가 절망적인가?

내 행동이 영리한가, 아니면 내가 영리한가?

내 행동이 건전한가, 아니면 내가 건전한가?

회초리와 돌은 내 뼈를 부러뜨릴 수 있지만 언어는 나를 형성할 수 있습니다.

나는 내가 한 행동을 칭찬하고 내가 어떤 모습이든 나 자신을 칭찬하고 싶습니다.

만약 내가 잘못하고 있다면 어떤 행동이 잘못되었는지 말해 주고 진짜 나 자신은 내버려 두세요.

진짜 나는 나에게 좋은 일을 하기 때문에 내 행동이 다른 사람에게 좋지 않으면 알려 주세요.

내가 무엇을 할지 알려 주되 무엇을 하지 말라는 말을 하지 마세요!

당신이 젊었을 때 흉내를 내던 비평은 생각하지 마세요!

당신의 아이가 내면의 세계를 인식하도록 도와주세요.

> "'아니요'란 말은 너의 마음에 어떤 이미지나 그림을 만들어 내
> 니? '네'는 어떻니?"
> "'네'나 '아니요'란 말을 들었을 때 몸의 어디에 어떤 느낌이 드
> 니?"

어떻게 하면 아이의 기운을 꺾지 않고 교육적인 방식으로 나쁜 소식
을 알려 줄 수 있을까요?

우리 대부분은 "X를 하지 마라. Y를 하지 마라."라는 말에 그대로
수동적으로 반응하려고 합니다.

우리의 마음은 자동으로 '하지 마라'란 단어를 지웁니다.

녹색 눈에 관해 생각하지 마세요.

문장을 고치는 작은 도전을 해 볼 수 있습니다. "담배를 피우지 않아
주서서 감사합니다."라는 말은 예의 바르면서도 '안 돼'라는 말을 사
용하지 않지요? 당신의 아이와 이런 시도를 해 보세요.[14]

당신이 전달할 메시지에(특히 부정적인 메시지일 때) 흥분된 감정을 담

---

[14] 무엇에 중독되어 있는 사람을 '보통'의 상태가 되도록 그만두게 하는 것은 어렵지 않나요? 흡연
중독, 알코올 중독, 마약 중독자에게 그것을 그만두라고 말하는 것은 당연히 거절당할 요청입니다.
대신에 "깨끗한 공기에서 숨쉴 수 있어서 고마워."라고 이야기해 보는 것은 어떤가요?

기 전에 먼저 생각해 보세요. 우리 대부분은 그렇게 한다는 점을 인식하지 못합니다. 다음 질문을 활용해 당신의 목소리 톤에 담긴 감정적 영향력을 발견하고 바꿔 보세요.

아이와 함께 해 보세요.

> "누군가의 목소리에 어떤 감정(사랑, 비판, 의견, 칭찬이나 비난)이 담겨 있는 것을 어떻게 아니?"
> "자기 목소리에 어떤 감정(사랑, 비판, 의견, 칭찬이나 비난)이 담겨 있는 것을 어떻게 아니?"
> "네 학습 능력을 어떻게 신장시킬 수 있을까?"
> "올바른 감정이 전달되었다는 것을 어떻게 확인할 수 있을까?"

부정적인 감정의 언어를 긍정적인 언어로 바꾸는 실험을 해 보고, 그다음 아이에게 일어난 긍정성을 확인하기 위해 반응을 살펴보세요.

05 당신이 말한 것이 아니라 말하는 방식
IT AIN'T WHAT YOU SAY, IT'S THE WAY THAT YOU SAY IT

나는 소리 지르고 있지 않아요!

당신의 목소리로 사랑이란 단어를 듣는다면 내가 가치 있다는 느낌을 받았기 때문입니다.

비판을 듣게 되었을 때 나는 귀담아듣겠지만, 우리는 서로의 가치를 폄하할 것입니다.

피드백은 비판처럼 들릴 수 있고, 비판은 피드백처럼 들릴 수 있습니다.

당신은 비난처럼 보이는 칭찬을 할 수도 있고, 칭찬처럼 보이는 비난을 할 수도 있습니다.

당신이 사용하는 단어의 수만큼 음조도 다양하게 할 수 있습니다.

순간의 생각으로 뜻을 전달할 올바른 단어, 음조, 자세를 얻게 됩니다.

이를 확인하기 위해 나에게 주목하고 나 자신의 말을 들어 보세요.

가치

우리가 가치롭게 생각하는 방식이 우리의 행동을 결정합니다. 상대 방을 가치 있게 여기는 것은 그를 존중한다는 의미입니다. 자명하게도 우리가 가치를 부여한 것은 우리에게 중요한 것이며, 그것은 우리의 시간과 에너지를 더 많이 필요로 합니다.

6번 카드는 우리가 가치를 두는 것을 자녀가 어떻게 모방하는가에 관한 것입니다.

'일치(congruence)'라는 말은 개인의 내적 감정과 겉으로 드러나는 모습 사이의 어울림 또는 적합성을 의미합니다.[15]

미국 역사에서 큰 영향력을 가진 심리학자 칼 로저스(Carl Rogers)는 감정과 행동의 일치가 결코 같을 수 없다는 것을 알았습니다. 그러나 다른 사람들에게 진심을 보여 주려고 하는 것이 매우 중요한 일임을 경험을 통해 알게 되었습니다. 그는 "사람들과의 관계에서 내가 아닌 나를 보여 주는 것은 멀리 내다봤을 때 그다지 도움이 되지 않았습니 다."라고 하였습니다.

의미가 뒤섞인 메시지를 보내게 되면 자녀는 아마도 당신의 말보다 행동(actions)을 보고 그것을 모방하며 따라 할 것입니다.

---

15 Carl Rogers, "This Is Me," in *On Becoming a Persons*, Houghton Mifflin, Boston, 1961, p. 24.

"너는 어떤 것이 중요하다고 생각하니?"
"엄마/아빠가 너에게 질문하지 않고 그것을 알 수 있을까?"
"너는 엄마/아빠가 무엇에 가치를 둔다고 생각하니?"
"너는 어떻게 다른 사람에게 고마움을 느끼니?"
"다른 사람에게 고마움을 느끼기 위해서는 어떤 일이 일어나야 하지?"

우리가 가치를 두는 것에 의미를 부여하지 않고 일치하지 않는다면 다른 사람들과 진정한 라포를 형성하는 데 갈등을 겪게 될 것입니다. 우리의 진실된 모습이 아니기 때문이지요. 우리 자신을 가치 있게 여기는 것은 중요합니다. 만약 우리의 건강, 쉬고 싶은 욕구, 사랑하는 사람들을 외면한다면 우리는 바로 "나와 너는 중요하지 않다"는 메시지를 전달하고 있는 것입니다.

06 가치

당신은 누구입니까?
당신에게 정말로 중요한 것은 무엇입니까?

나는 당신이 타인을 배려하며, 거짓말을 싫어한다고 생각합니다. 하지만 다른 점들은 확신할 수 없습니다. 나는 종종 당신이 생각하는 바를 내가 가치 있게 여기는지가 매우 궁금합니다.

물론 내 생각에 당신은 당신 자신이 가치 있게 여기는 것을 알고 있습니다.

- 사랑, 나는 사랑을 가치 있게 여깁니다.
- 비평, 나는 비평을 가치 있게 여깁니다.
- 피드백, 나는 피드백을 가치 있게 여깁니다.

당신이 주위에 없을 때, 살인과 폭력이 정당하고 전쟁이 옳고 어떤 피부색이 다른 피부색보다 우월하다는 글을 읽거나 들으면 나는 그 사실을 믿을지도 몰라요.

폭력, 잔인함, 타락을 보게 된다면 나는 그런 것을 가치 있게 여길지도 몰라요.

당신의 행동과 말이 어긋나지 않는다면 나는 당신이 가치 있게 여기는 것을 가치 있게 여깁니다.

당신이 당신 자신을 가치 있게 여긴다면 나도 내 자신을 가치 있게 여기기 시작할 것입니다.

일치

　당신이 자녀에게 하듯 당신 자신에게 무조건적인 사랑을 주고 자신을 인정하기 위해 무엇을 할 수 있나요?

　조화로운 사람은 참되고, 현실적이고, 융화되어 있고, 성격이 원만하며, 숨기는 것이 없습니다. 반면 조화롭지 않은 사람은 남의 관심을 끌려고 노력하고, 어떤 역할을 맡으려고 하며, 대담하게 보이려는 경향이 있고, 표면 뒤로 자신을 감추려 합니다.

　아마 조화도 연습이 필요하겠지요?

　당신의 걸음걸이나 행동은 당신에 대해서 무엇을 말해 줄까요?

　7번 카드의 메시지는 당신과 자녀가 서로 뜻이 통하며 서로 대화하는 시간에 대해 더 자각할 수 있도록 도와주는 밑거름 역할을 할 것입니다.

> "사람들은 다른 사람을 주목하거나 다른 사람의 이야기를 들을 때 어디에 집중할지 어떻게 결정할까?"
> "다른 사람들을 판단할 때 너는 그들의 어떤 점에 주목하니?"
> "우리 모두 말한 대로 행동한다고 확신할 수 있니?"

　당신은 위선에 대해 어떻게 생각하나요?

07 언행일치

당신은 정말 그것을 믿나요?

나는 당신의 행동을 보고 당신이 말하는 것을 들을 때 때로는 기분이 좋습니다.

나는 당신의 행동을 보고 당신이 말하는 것을 들을 때 때로는 생소하게 느껴집니다.

나는 때때로 당신이 싫으면서도 "난 이것이 좋아."라고 말하는 것 같다는 의심을 품게 됩니다.

영웅들을 떠올려 보면, 그들은 자신의 일을 사랑하는 것처럼 보이고, 스스로 또한 그렇다고 말하며, 나 역시 그들이 진실을 말하는 것처럼 느껴집니다.

어떻게 하면 내 진짜 감정을 숨겨서 당신을 화나지 않게 할 수 있을까요?

삶은 당신의 감정을 숨겨야 하는 것들로 가득 찼다는 것을 느끼는 것일까요?

아니면 당신이 사랑하는 것을 발견하고 그것을 하기 위해 어떤 장애물도 제거하는 것일까요?

나는 당신의 진실한 모습을 모두 좋아할 수는 없지만 부디 당신이 말한 대로 행동해 주세요.

 **맞춰 주기와 이끌기**

조상의 슬기로운 지혜 중에서, 누군가가 화가 나 있거나 혼란에 빠졌을 때 평정을 유지하고 다른 주제에 대해 대화를 해 보는 것이 좋다는 말이 있습니다. 그러나 이 말이 항상 옳지는 않을 것입니다.

8번 카드는 모방의 원칙을 적용했습니다. 우리는 곤경에 빠진 자녀를 도와주고 싶을 때(이끌기) 자녀와 함께 호흡하면서(맞춰 주기) 어른으로서 힘 있는 영향력을 행사할 수 있습니다.

자녀를 '고친다' 는 것과는 다르므로 주의하세요!

다음의 카드에는 이것을 학습할 수 있는 예가 주어져 있습니다. 자녀를 가르치기 전에 자녀가 이 방법을 이미 숙지하고 자연스럽게 사용할 수 있는지 확인하세요.

"친구, 자매, 형제가 화가 나 있다면 너는 무엇을 하겠니?"
"어떠한 상황일 때 간섭하지 않는 것이 좋을까?"
"그들이 화를 풀고 싶어 한다는 것을 네가 알 수 있는 느낌이나 상황은 무엇이니?"
"네가 그들처럼 화가 나 있다면 화를 풀도록 그들이 도와줄 수 있을까?"
"어떻게 하면 그들이 이러한 접근 방법을 통해 더 배울 수 있을까?"

만약 당신이 다른 사람의 호흡에 맞출 수 있다면 당신의 라포는 얼마나 더 강해질까요? 시도해 보세요.

- 자녀의 숙제나 문제 해결을 도와줄 때 당신이 혼란스럽다면 어떤 일이 일어나나요?
- 다른 사람들과 호흡을 맞출 때 라포는 얼마나 강하게 형성될 수 있을까요?

08 맞춰 주기와 이끌기

나는 이제 뒤돌아보며 미소 지을 수 있습니다.

당신이 나보다 너무 앞서 있을 때 내가 어떻게 배울 수 있을까요?

내가 당신보다 앞서 있을 때 당신은 어떻게 배울 수 있을까요?

내가 화나 있을 때는 나와 같이 화를 낸 다음 내가 진정할 수 있도록 이끌어 주세요.

먼저 좌절하고(그러면 나도 화를 내기보다는 좌절하겠어요), 그다음 굴욕감을 느끼고(그러면 나도 좌절하기보다는 굴욕감을 느끼겠어요), 그리고 마침내 평정을 찾으며 화를 거두어 주세요.

당신이 진정되면 나 또한 그렇게 될 거예요.

내가 혼란스러울 때는 나처럼 혼란스러워진 다음 내가 심신의 안정을 찾을 수 있도록 나를 이끌어 주세요. 먼저 슬퍼하고(그러면 나도 혼란스러워하기보다는 슬퍼하겠어요), 그다음 실망하고(그러면 나도 슬퍼하기보다는 실망하겠어요), 그리고 마침내 심신의 안정을 되찾으세요.

당신이 심신의 안정을 되찾으면 나 또한 그렇게 될 거예요.

내가 무언가에 꽉 막혀 있을 때는 혼란과 호기심, 이해를 통해 배울 수 있도록 나를 이끌어 주세요. 먼저 나와 같이 꽉 막힌 상태가 되세요. 그리고 혼란에서 호기심으로, 그다음 호기심에서 이해에 이르러 막힌 것을 풀어 주세요. 그리고 마침내 배움을 얻으세요.

잠시 동안 내가 되었다가 다시 당신으로 돌아가면서 내가 당신을 따르도록 해 주세요.

공간

우리는 왜 다른 사람들과 서 있거나 앉아 있는 위치를 신경 써야 할까요?

그 이유는 위치가 다른 사람들과의 라포를 방해하거나 도울 수 있기 때문입니다.

당신에게 맞는 최고와 최악의 위치를 알아내기 위해 방 한가운데에서부터 나머지 공간들에 차례로 앉아 보세요. 자녀로 하여금 당신으로부터 몇 미터 떨어져서 360도를 천천히 걸어 보게 하세요.

> "네가 불편하게 느끼는 자리가 있니?"
> "더 편안하게 해 주는 자리는?"
> "만약 다른 방이라면 편안했던 자리가 불편한 자리로 바뀔까?"
> "네가 편안해하는 공간을 엄마(아빠)가 알 수 있게 하려면 어떻게 해야 할까?"

일반적인 라포에 관한 질문

> "네가 좋아하는 것은 나일까, 아니면 내가 하는 행동일까?"
> "만약 누군가를 좋아하지는 않지만 라포를 형성하길 원하고 필요
> 로 할 때 너는 어떤 행동을 하니?"
> "네가 하려는 어떠한 행동이 너 자신과의 라포를 향상시킬 수 있
> 을까?"

여기에서 다루었던 것보다 더 많고 깊은 라포가 존재하는 것을 알게
된다면 당신은 더 많은 것을 배울 수 있을 것입니다.

09 나의 공간

나에게 너무 가까이 서 있지 말아요.

가끔은 당신이 내 공간을 존중해 주고 나와의 거리를 유지해 주기를 바라요.

어떤 날에는 평소에 하던 것처럼 가까이 다가와 주세요.

특히 내 뒤에 당신이 있을 때처럼 나를 불편하게 만드는 공간이 있어요.

내 앞이나 옆자리는 내 생각과 배움을 방해하는 자리예요.

당신이 정확히 그 자리에 앉거나 서 있는 것이 중요한 날이나 시간이 있어요.

어떤 소리나 소음은 내 개인적인 공간을 침범해요.

내가 가장 좋아하는 자리와 공간은 내가 배우고 편안하게 느끼며 성장할 수 있도록 도와주지요.

✱ Exercise Three

라포

세상에는 여러 종류의 라포가 있습니다. 이러한 사실이 놀랍나요? 아니면 원래 알고 있었던 사실인가요? 지금까지의 내용이 유용했나요? 그렇다면 구체적으로 어떤 것이 유용했나요?

1. _____
   _____

2. _____
   _____

3. _____
   _____

4. _____
   _____

솔로코칭

당신은 자신의 라포 능력을 어디에 가장 많이 사용하겠습니까?

1. _____
   _____

2. _____
   _____

3. _____
   _____

4. _____
   _____

6
CHAPTER

자신감

Self-confidence

"나는 매일 아침 실행 불가능한 여섯 가지 일을 생각한다."

— 『거울 나라의 앨리스』, 루이스 캐럴(Lewis Carroll)

부모로서 우리는 어떤 것을 성취하기 위해서는 자신감이 필수라는 것을 알고 있습니다. 자신감은 광범위한 주제로 다음과 같은 여러 가지 개념을 포함하고 있습니다.

- 자부심(self-esteem)
- 자아 가치(self-worth)
- 자아 이미지(self-image)

- 자아 신념(self-believe)
- 자아 존중(self-respect)
- 잠재력 깨닫기(realising potential)

 **자부심**

이 장 전체가 자신감에 대한 내용이지만 종종 자부심은 자신감과 비슷한 의미로 쓰입니다.

"우리 영수는 자부심(자신감)이 부족해."

"철수가 자부심(자신감)이 좀 더 있었더라면."

이 장에 나오는 대부분의 표제어들이 다른 장들보다 유사한 것을 설명하고 있다는 것을 알았으면 합니다. 그것이 사실이기 때문이지요. 정체성의 각 부분들은 부분들이 모여 하나의 큰 주제, 즉 자신감을 형성합니다. 이것은 평소에 우리가 충분히 심사숙고하지 못하는 부분이기도 합니다. 그러나 자녀와 대화할 때는 여기에서 소개하는 모든 개념을 최대한 할 수 있는 만큼으로 나누어서 시도해 볼 필요가 있습니다.

다음 10번 카드를 읽어 보세요.

첫 문단을 눈 여겨 보세요. 시작이 다소 부정적이라는 것을 염두에 두어야 합니다. 뒤에 나오는 13번 카드에 더욱 자세히 설명되어 있습니다. 안타깝게도 보통 사람들에게는 가끔 독백이라고도 불리는 자기 내면과의 대화가 부정적으로 비춰지지요.

이것은 당신과 어떤 관련이 있나요?

첫 번째 문단에 대해서 자녀와 이야기할 때 어떤 상황이 벌어질까요?

세 번째 문단을 눈여겨보세요. 자녀에게 다음과 같은 질문을 해 보세요.

"너는 어떤 옷을 입으면 자신감이 생기니?"
"그 이유가 뭐라고 생각해?"

이제 자신과 자녀의 학습 방법을 좀 더 강화해 보세요.

"너는 어떤 옷을 입으면 자신감 없이 움츠러드니?"

추가로 어떤 질문을 할 수 있을까요?

10 자부심

얼마나 좋을까요?

만약 나 자신에게 만족하지 못하거나 실행 능력 또는 학습 능력에 자신이 없으면 나는 거의 아무것도 이룰 수가 없습니다. 나를 스스로 고통스럽게 만들 것입니다.

나는 마음의 문을 닫고, 어떤 위기도 인정하지 않으며, 사람들을 피하고, 내 존재에 대해 어두운 것들만 상상하게 될 것입니다.

나에 대한 높은 자부심은 나를 도약할 수 있도록 도와줄 것입니다.

자부심은 매 순간 바뀔 수 있습니다. 먼저 관심사에 대해 배우는 것부터 시작해서 스스로 잘 해 나갈수록 기분이 좋아질 거예요. 그러다가도 문제에 부딪히거나 이해할 수 없는 것에 맞닥뜨리면 그 순간 자부심이 낮아질 수도 있습니다.

좋은 옷을 입거나, 맛있는 음식을 먹거나, 일에 통달하게 됨으로써 자부심이 순간적으로 높아질 수도 있습니다.

자부심은 좌절이 계속되거나 사람들이 함축적인 말로 계속 우리를 깎아내릴 때 낮아질 수도 있습니다.

우리가 자신의 삶에 더욱 책임을 지고, 현실적인 위험을 감수하고, 과거에 연연하지 않으며, 원망과 억울함을 털어 내 버릴 수 있을 때 자부심은 점차 커질 것입니다. '실수'는 우리가 배우고 성장하는 과정입니다. 그런 과정을 거치기 위해서 우리는 종종 누군가의 도움이 필요하지요.

진정 성공을 원한다고 느낄 때 성공의 문이 열릴 것입니다.

자아 가치

"난 이만한 가치가 없어."라고 말하거나 생각한 적이 있나요?

이는 자아 존중 정도를 판단할 자가 척도로서 당신이 유익한 것을 받아들일 준비가 얼마나 되어 있는지를 말해 줍니다. 그것은 당신이 어떻게 받아들이느냐에 따라 칭찬이 될 수도 있고 좋은 지적이 될 수도 있습니다.

카드를 잘 읽고 자녀에게 다음과 같은 질문을 해 보세요. 자녀에게 생각할 충분한 시간과 공간을 주는 것을 잊지 마세요.

> "주변에 건강이 매우 좋지 않은 사람이 있니?"
> "너보다 건강한 사람은 누구지?"
> "너는 네가 얼마나 건강하다고 생각하니?"
> "그럼 그만큼 건강하기 위해 어떤 노력을 했지?"

대답이 얼마나 긍정적인지, 부정적인지에 따라 다음의 추가 질문을 고려하세요.

> "네가 최고로 건강해지는 데 방해가 되는 것은 무엇이 있을까?"
> "더 건강을 챙기고 싶은데 방해가 되는 게 무엇인 것 같니?"

11 자아 가치

자기 자신을 사랑하고 가치 있게 여기나요?

나는 나 자신에 대해 좋은 감정을 느낄 수 있고, 다른 사람들의 시선 안에서 잘 지낼 수 있습니다. 그러나 나는 내가 성공, 사랑, 건강할 자격이 없다는 사실, 이것이 나의 전부라는 사실을 숨기고 있을지도 모릅니다.

자아 존중감은 자부심보다 더욱 회복력이 있습니다. 그리고 그것은 시간이 흐르면서 우리가 세계를 어떻게 감지하느냐에 따라서 생겨나기도 하고 낮아지기도 합니다.

자존감을 느낄 때, 우리는 생산적인 방향으로 선택을 하는 경향이 있습니다. 자존감이 없다고 느낄 때, 우리는 비생산적이거나 제한적인 선택을 하는 경향이 있습니다.

생산적인 선택은 도움이 되는, 힘을 주는 사람들과 경험하는 기회를 만들게 됩니다. 그 반대도 마찬가지지요.

아주 어릴 때, 나는 사람들이 나를 사랑한다고 말하는 소리를 듣기 좋아했습니다. 우리는 다른 사람에게 친절하고, 도움을 주고, 책임을 지게 됨으로써 우리의 자아 존중감을 일으킬 수 있습니다.

우리 자신을 부드럽게 대하고, 우리가 할 수 있는 것들을 알고, 이 여행이 하나의 목적을 가지고 있다는 것을 인식한다면 자아 존중감이 자라나게 될 것입니다.

우리 마음의 눈 안에서만 용서를 구하고 사과할 수 있을 것입니다.

 **자아 이미지**

　당신의 자녀와 우리 모두는 가치 있고 발전적인 유익한 피드백이 필요합니다. 피드백은 우리의 이미지가 포함된 것들에 관해 말해 왔던 모든 것에 영향을 미칩니다.

　이것은 우리가 스스로를 보는 하나의 길로서, 우리 마음속으로 어떤 그림이 연상되는지, 우리 자신에게 어떻게 말하는지, 우리 자신에게 귀 기울일 때 어떤 느낌이 드는지에 관해 잘 정의된 것들입니다.

　우리는 우리가 어떻게 요리하고, 축구를 하고, 운전을 하고, 옷을 입는지 등에 대해서 특별한 이미지를 가지게 될 것입니다. 어떤 주제가 주어지든지 간에 거기에 대한 무한한 자신의 이미지가 있습니다. 지금까지 그것에 대해 생각하지 않았을지라도 사실이 그렇습니다.

　자신을 위해 12번 카드를 읽어 보세요.

　당신의 자녀에게도 이것을 읽어 줄 수 있나요?

12 자아 이미지

나는 나 자신을 어떻게 볼까요?
다른 사람들이 우리를 어떻게 보는지…

자기에 대한 이미지는 겉으로 보이는 외모 그 이상입니다. 우리가 자아 아미지를 대수롭지 않게 여긴다면 살아가면서 다른 사람들을 속상하게 하거나 우리 자신의 웰빙(well-being)을 방치하게 될지도 모릅니다.

반대로 자아 이미지를 너무 크게 여긴다면 자만심이 강하고 오만하거나, 또는 너무 많이 먹어 비만이 되거나 흉측하게 마를 수도 있습니다.

우리의 자아 이미지는 우리가 보는 것 또는 우리가 거울을 볼 때 생각하는 것입니다. 그것은 자기 대화이고, 우리가 자신을 어떻게 느끼는가 하는 것입니다.

건강과 확실한 자아 이미지는 우리가 유용한 비판의 방법으로 피드백을 하거나 다른 사람이 우리를 과소평가하려는 시도를 거부할 때 형성됩니다.

자아 이미지의 건강은 우리가 열려 있을 때, 그리고 우리의 신뢰로부터 특별히 피드백을 요청할 때 유지됩니다. 그것은 우리가 우리 자신에게 좋은 것을 말하고, 다른 사람들의 최선의 의도에도 불구하고 스스로에게 솔직할 때 건강하게 유지됩니다.

우리 자신을 다른 사람들의 좋은 의도로 볼 때, 그것은 내면의 힘이 되는 대화와 결합되고 다이어트, 운동, 휴식, 자기 존중을 통해 우리 몸 밖으로 드러납니다. 그리고 그동안 우리의 자아 존중감이 점점 자라게 됩니다.

우리는 다음과 같은 몇 가지 질문을 통해 자녀의 자기 이미지를 계발할 수 있습니다.

"네가 축구 선수, 배우, 화가, 가수, 댄서…라고 생각한다면 어떤 종류의 사진이 당신의 머릿속에 떠오르니?"

자녀가 스스로 자신을 어떻게 보고 경험할지 정하는 것을 적절하게 도와줄 수 있다면 매우 긍정적일 것입니다. 당신은 스스로 가장 흥미 있는 것을 찾아낼지도 모릅니다.

"긍정적인 그림을 그려 보면 어떤 일이 일어날까?"

더 크고
더 밝고
당신과 더 가까운가요?

영감을 주는 음악을 배경음악으로 소개합니다!

부정적인 그림을 그리라고 해 보세요.

"부정적인 그림을 그려 보면 어떤 일이 일어날까?"

더 작게

더 재미없게

더 멀리?

지루한 음악의 한 부분을 소개하거나, 음악이 없거나 아무런 소리도 없습니다!

추가로 어떤 질문을 더 할 수 있을까요?

# 자아 신념

13번 카드를 읽어 보세요.

얼마나 자기 자신이 가치 있는 존재인지에 관한 생각과 일치하는 스스로의 관점은 성공하고자 하는 우리의 역량과 직접적인 관련이 있습니다.

만약 자녀가 결승골을 넣은 훌륭한 축구 선수라면 그의 신념은 무엇일까요? 질문이 중요하듯이 우리는 단지 추측할 뿐이나 다음과 같은 것이 포함될 것입니다.

- 나는 우승자입니다.
- 나는 할 수 있습니다.
- 나는 내가 잘할 것을 압니다.

만일 자녀가 수학이나 예술에 뛰어나지 않다고 생각한다면 그 아이에게 어떤 신념이 존재할까요?

- 나는 하찮은 아이예요.
- 나는 잘되지 않을 거예요.
- 나는 학교가 싫어요.
- 나는 선생님이 싫어요.

믿기지 않나요?

다시 말해, 우리는 오직 질문을 통해 자기 자신 또는 다른 사람이 가지고 있는 신념이 무엇인지 알 수 있습니다. 그런데 그 생각을 확실히 하기가 어려울 수도 있습니다.

구부정한 자세, 똑바른 자세, 바쁜 척하기, 무관심하기 등과 같은 모든 단서는 당신이 받는 피드백에 더해져 더욱 풍요로운 코칭으로 이끌어 줄 것입니다.

격려를 해 주세요.

자녀는 가치가 없다고 생각하고 발언을 거부하나요? 또는 자기 자신을 자랑스럽게 여기며 긍정적으로 반응하나요?

신념의 표현법은 우리가 사실로 믿는 것들에 대한 확언으로 알려져 있습니다. 불행하게도 연구 결과는 보통 사람들이 하는 80%의 내적 대화가 부정적인 내용이라는 것을 밝혀냈습니다. 그러므로 긍정적인 확언을 일찍 시작하는 것이 중요합니다. 스스로 반복해서 시도해 보세요. 아마도 많은 경우 다음과 같이 시작하게 될 것입니다.

나는 좋은 아빠예요.
나는 좋은 엄마예요.
나는 최고의 아빠예요.
나는 최고의 엄마예요.

당신이 이것을 이루었을 때 어떻게 다르게 느끼는지 생각해 보세요.

이제 부정적인 신념을 가진 당신의 자녀가 이러한 질문을 통해 어떻게 긍정적으로 바뀌는지 주목하세요.

> *"너를 행복하지 않게 만드는 너에 대한 믿음에는 어떤 것이 있니? 예를 들면, '나는 별 볼일 없는 축구 선수야.' 라는 생각이 '나는 환상적인 축구 선수다!' 가 되는 것 같은 거 말이야."*

계속해서 소리 내어 반복하세요. 거울을 보고 외쳐 보세요! 카드나 메모지에 적은 다음 어디든 보이는 곳에 꽂아 두고 날마다 반복해 보세요. 신념을 바꾸거나 가지는 데 21~30일이 필요하다고 합니다. 만약 그렇게 연습한다면 한 달 만에 신념의 변화가 이루질 수 있습니다.

수학, 외모, 예술… 무엇이든 이루어질 수 있습니다.

자아 이미지, 자아 신념, 그리고 그 수행 결과들에 대한 이점은 굉장할 것입니다.

이와 같은 특별한 활동과 함께 즐겁게 할 수 있다는 것을 기억하세요!

13 자아 신념[능력]

나는 얼마나 멀리 갈 수 있을까요?

나 자신에 대해 믿는 것은 나로 하여금 특별한 사람이 될 수 있게 합니다.

만약 내가 가치 있고 경쟁력이 있다고 믿는다면 세계를 향해서 내가 현재 직면하고 있는 것이 진정한 내 모습입니다. 그렇다면 나를 멈추는 모든 것은 나의 착각입니다.

신념은 내가 가치를 둔 데 관련된 것으로 만들어집니다. 정직을 소중하게 생각한다면 나 스스로 내가 정직하다고 믿게 될 것입니다.

우리 대부분은 성취할 수 있는 것에 대한 가상적인 한계를 가지고 있습니다. 그 효과를 극대화하기 위해 다음을 시도해 보세요.

- *나는 유능합니다.*
- *나는 사랑스럽습니다.*
- *나는 매력적입니다.*
- *나는 가치 있는 사람입니다.*
- *나는 내 삶을 누릴 자격이 있습니다.*
- *나는 할 수 있습니다!*

이러한 것을 큰 소리로, 확신을 가지고, 부끄러워하지 않고 말할 수 있을 때 우리의 잠재력은 더 빨리 실현될 수 있습니다. 우리는 신념이 이 순간 어떠한 사물에 대해서 우리가 가지고 있는 가장 강한 추측이라는 것을 알게 되었습니다. 우리의 신념이 도움이 되지 않을 때에는 이를 바꿀 수 있습니다. 우리는 부모님을 용서할 수 있고, 그들이 그 당시로서는 최선을 다했다고 생각해야 합니다.

 **자아 존중**

지금까지 살면서 자기 자신에게 실망한 적이 있나요? 혹시 그때 자신이 감당하기에 힘든 일을 시도하고 있지는 않았나요? 존중은 근본적으로 모든 관계이며 하나의 특별한 코칭 관계입니다.

14번 카드를 읽으세요.

팀원들이 서로 그다지 좋아하지 않아도 승리하는 스포츠 팀은 있지만, 서로가 가진 기술에 대한 존경이 부족할 때는 승리하는 경우가 거의 없습니다. 이것은 코칭 관계에서 중요한 사실입니다. 존중은 관심 가운데 자라나며, 코칭은 모든 관심의 성장이고 책임을 위한 개인적인 격려입니다. 선택이나 기술의 결여로 관계 맺기를 주저하거나 회피하려는 아이나 부모는 이러한 상황에서 존중감도 줄어들지요.

그럼 어떻게 부모로서 자녀의 자아 존중감 형성을 도울 수 있을까요? 그 열쇠는 당신이 자녀를 진심으로 대하는 것입니다. 이는 강력하고 긍정적인 메시지를 통해 격려한다는 것을 의미합니다. 당신만의 가치관을 가지고 일관성 있게 행동하며 정직해야 합니다.

이렇게 하면 자녀의 기분이 좋아질 것이며, 결국 그 일관성으로 인해 자녀는 당신을 존중하기 시작할 것입니다. 어떤 부모들에게 다른 무엇보다 더 어려운 여행이 될 것이며 흔히 실패할 수도 있습니다. "내가 지금 일관성 있게 행동하고 있나?" 하고 종종 자문해 보세요. 자녀를 하나 이상 둔 부모들은 이 질문의 힘을 깨닫게 될 것입니다.

태어날 때부터 훌륭한 부모가 되는 기술을 가지고 있는 사람은 아무도 없다는 사실을 떠올리며 힘을 내세요. 그것은 배움을 통해 얻을 수 있는 것입니다. 만일 지금껏 당신이 했던 모순들보다 지금이 더 중요하다고 생각한다면 아래 문장이 매우 유용할 것입니다.

내가 지금까지 해 온 방법… 그것은 더 이상 아무것도 아니다!

자아 존중은 다른 사람을 바라봄으로써 당신 역시 존중할 수 있다는 것을 배우게 합니다. 당신의 자녀는 존중이 무엇인지 한 번 알기만 한다면 존중하기를 시작할 것입니다.

14 자아 존중[나 그리고 너]

자기 자신을 존중할 수 있어야만 다른 사람도 존중할 수 있습니다.

우리는 누군가가 자아 존중감를 잃었을 때 겉모습에 신경 쓰지 않는 것을 종종 볼 수 있습니다. 자아 존중감의 결핍은 낮은 수준의 동기 부여, 낮은 에너지, 낮은 열망, 쉽게 지루함을 느끼거나 아무것도 하지 않는 모습으로 나타납니다. 자아 존중감의 결핍은 누군가가 착취하고 조작할 수 있도록 나를 내버려 두는 위험한 상태입니다.

만약 우리가 '자기(self)'를 하찮게 여긴다면 '우리 자신(ourselves)'을 지킬 수 없으며 유지하려고 애쓰지 않을 것입니다. 심지어 공동체를 자신의 필요에 따라 간단히 처분해 버릴 수도 있다고 생각할 수 있습니다.

우리 자신을 존중할 때 우리는 우리에 대해서 자부심을 느끼고, 어떻게 우리가 세계에 존재하는지에 대해서 자부심을 느끼며, '자기'의 존재가 무엇인지에 의미를 두고 그것을 알아 가기 위해 힘과 노력을 쏟게 됩니다.

우리는 높은 가치 또는 생각과 함께 조화롭게 행동할 때, 죄의식과 부끄러움에서 벗어날 때, 우리의 삶, 몸, '자기'가 성스럽고 유일하며, 필요한 모든 것을 가지고 있다고 느낄 때, 스스로를 존중할 수 있습니다.

우리는 자신을 존중하는 것과 같은 방식으로 우리 자녀들을 존중할 수 있습니다.

잠재력 실현하기 1

15번 카드를 읽으세요.

당신의 자녀에게도 15번 카드를 읽게 하세요.

그리고 자녀에게 물어보세요.

"이 카드에 있는 사람들 중에 아는 사람이 있니?"
"그들에 대한 평가는 어떻다고 생각하니?"
"스스로에 대한 너의 생각은 어떤 영향력을 가질까?"

15 잠재력 실현하기[1]

별을 향한 목표 그리고 달 착륙…

우리는 어마어마한 가능성을 가지고 태어납니다. 그런데 무엇이 가능성의 발휘를 제약할까요?

베토벤의 선생님은 베토벤이 작곡가로서 가능성이 없다고 했고, 월트 디즈니는 아이디어 부족으로 편집장에게 해고당했고, 에디슨의 선생님은 에디슨이 배움에 아주 소질이 없는 바보라고 말했고, 앨버트 아인슈타인은 네 살이 지나서야 말을 하고 일곱 살 때 읽을 수 있었습니다.

울워스의 고용주는 울워스가 손님들을 대하는 센스가 형편없다고 말했고, 헨리 포드는 성공하기까지 다섯 번이나 실수와 파산을 거듭했고, 윈스턴 처칠은 영어를 못해 반에서 바닥이었으나 70년이 지난 후 노벨 문학상을 받았습니다.

우리는 가능성과 함께 태어나고 가능성과 함께 성장해 갑니다. 우리는 가능성이 하는 이야기를 가슴으로 들을 때, 우리 자신을 신뢰할 때, 다른 사람들을 똑같이 도울 때, 다른 사람을 뛰어난 역할 모델로 설정할 때, 우리 자신을 사랑할 때, 우리의 열정과 운명을 향해 우리의 에너지를 사용할 때 비로소 가능성을 실현할 수 있습니다.

너무 늦기 전에 당신의 가능성을 발견하세요. 당신의 자녀를 위해서요!

잠재력 실현하기 2

16번 카드를 읽으세요.

　꼭 순서대로 읽어야 합니다. 우리가 함께 공부한 존중을 기억하며 정직하게 답을 적어 내려가세요.
　마지막 두 개의 강력한 코칭 질문을 확인하세요.
　당신의 경험이 어떻게 자녀가 가지고 있는 실질적인 잠재력의 자원을 이끌어 낼 수 있는지에 관해서는 이 카드를 통해 배운 것을 유지하세요.

16 잠재력 실현하기[2]

"20년이 지난 지금 당신은 당신이 하지 않은 일들로 더 실망할 것입니다."

－마크 트웨인

- 현재 실망하는 것은 무엇인가요?
- 당신이 가지고 있는 재능을 사용하지 않는 이유는 무엇인가요?
- 당신은 어떤 일을 하고자 하는 비밀을 숨길 수 있나요?
- 아직도 그것을 회피하려고만 하는 이유는 무엇인가요?
- 당신은 얼마나 더 자신의 잠재력에 대해 부정할 것인가요?
- 당신이 성취하도록 누가 도와줄 수 있나요?

마음의 눈으로 당신 자신이 20년 동안 부모라고 상상해 보세요.

- 당신이 해낸 것을 볼 수 있나요?
- 당신은 당신이 이룬 것에 대해 잘했다는 이야기를 들은 적이 있나요?
- 당신이 얼마나 훌륭한 부모였는지에 대한 내용이 포함되어 있나요?
- 당신은 자신에 대해서 좋은 감정을 가지고 있나요?

이제 다음의 마지막 질문에 대답할 때입니다.

- 당신은 그것을 얼마나 간절히 원하나요?
- 당신은 그것을 얻기 위해 대신 무엇을 포기할 수 있나요?

자신감

만일 당신이 예상 밖의 새로운 것들을 배우고 다행히 모든 상황에서 자신에 대한 신뢰가 충분해졌다면, 축하합니다! 만약 그렇지 않다면 무언가 가치 있는 것을 찾았나요?

1. _____
   _____
2. _____
   _____
3. _____
   _____
4. _____
   _____

솔로코칭

이 지식은 당신에게 어떤 영향을 미쳤나요?

1. _____
   _____
2. _____
   _____
3. _____
   _____
4. _____
   _____

7
CHAPTER

학습

Learning

인간의 뇌를 매우 강력하게 만드는 것은 무엇일까요? 분명히 뇌 안에 있는 신경세포 하나의 원초적인 과정은 아닐 것입니다. 세포가 발화되고 나서 정상적인 상태로 돌아오는 데에는 1/1,000초의 시간이 걸린다고 합니다. 어쩌면 이것이 꽤 짧은 시간이라고 생각할 수도 있습니다. 하지만 실리콘 칩이 1/1억 초라는 놀라운 속도로 작업을 수행하는 최신식 컴퓨터와 비교해 봤을 때는 터무니없이 느린 속도이지요.

비밀은 수백억 신경세포의 수에 달려 있는 것 같습니다. 만약 이러한 신경세포들이 주어진 과제를 효과적으로 그리고 한꺼번에 일제히 수행하도록 만들어졌다면 뇌의 실질적인 힘은 분명히 오늘날의 컴퓨터보다 더 위대할 것입니다.

어떤 기능을 수행할 때, 신경세포들이 협동하기 위해 서로 간에 의사소통을 할 수 있어야 합니다. 그리고 그동안 이러한 의사소통은 신경경로를 통해서 가능할 것이라고 여겨져 왔습니다. 아직까지는 신경경로들이 왜 그러한 방법으로 연결되어 있는지에 대해 대략적으로 알 뿐입니다. 그러나 중요한 점은 이러한 연결들이 형성된 그 정밀한 방식은 생각하는 기계로서 뇌가 가진 힘의 중심이라는 것입니다.

어떤 낙관주의자들은 10%라고 이야기하지만, 대체적으로 인간은 뇌의 3~5% 정도를 사용한다고 추정하고 있습니다. 최근에 연구자들은 심장(그리고 다른 기관들)이 신경전달물질, 지능을 가지고 있으며, 뇌가 어떤 신호를 받기만 하는 것이 아니라 신호를 보내기도 한다는 사실을 밝혀냈습니다.

이렇듯 뇌에 대한 연구에 기초를 둔, 가속화된 성향이라 불리는 지식의 집합체가 다른 최근의 조사들과 통합될 때, 당신은 학습과 기억에 대한 속도와 질을 바꿔 놓을 수 있는, 당신 마음대로 사용할 수 있는 도구를 갖게 됩니다.

그렇다면 우리는 어디서부터 시작해야 할까요? 물론 우리 자신이 수년간 무의식적으로 해 왔던 것들에 대한 간단한 정신적 조정을 만들어 보는 것부터 시작해야 할 것입니다.

레오나르도 다빈치는 위인들 중에서도 가장 위대한 인물로 알려져 있습니다. 당대보다 500년 이상 앞선 창의력을 가진 그의 재능과 기술, 창의력과 손재주, 그의 영원한 작업인 〈모나리자〉. 20세기 작가는 이러한 그의 뛰어난 점들은 연구하고 모방했습니다. 그리고 한 작가[16]는 레오나르도가 학습에 대한 감각을 사용했음을 발견했습니다.

만약 우리가 15세기의 천재가 했을 법한 생각과 행동을 따라 함으로써 그 비밀을 발견할 수 있다면, 그리고 우리가 일상에 그러한 접근법을 사용한다면 우리의 학습이 얼마나 강력해질 수 있을지 생각해 보세요.

학습을 향상시키는 또 다른 방법은 영향력에 대한 다른 관점을 검토하는 것입니다. 다시 말해 장소, 시간, 우리가 무엇을 하는지, 우리가 무엇을 믿는지, 그리고 우리의 고차원적인 동기와 같은 배움에 있어서의 모든 영향을 살펴봐야 한다는 것입니다. 우리의 모든 감각에 대한 가장 최고의 사용법을 안 뒤에 그동안 얼마나 습관적으로 그 정보들을 사용했는지를 알게 된다면 그것을 더 효과적으로 사용할 수 있을 것입니다.

뇌는 그 연결이 거미줄이나 지도, 나무 같지만 정보들을 조직합니다. 이렇게 뇌 속에 정보를 기록해 둘 때 우리는 더 빨리 배우고 기억해 낼 수 있습니다. 장면, 한 페이지, 한 페이지 안의 문장 중 어느 것이 더 기억하기 쉬울까요? 당신의 기억력을 향상시키고 싶나요? 지금 어떤 느낌이 드나요? 장면과 소리의 연결을 돕기 위해 음악을 사용해 본 적이 있나요? 당신 내면의 이미지들을 소리와 느낌에 맞춰 보세요.

---

16 Michael Gelb, *How to Think like Leonardo da Vinci*, pub. Thorsons, 1998.

우리가 어떻게 배우는지 학습하기

당신의 아이가 철자를 잘 쓸 줄 알든 모르든 간에, 아이가 어떻게 철자를 쓰는지 아는 방식은 아이가 다른 모든 것들을 매우 효과적으로 배우도록 도울 것입니다. 만약 아이가 아직 철자를 잘 쓸 줄 모른다면, 당신은 24번 카드를 채 얼마 보기도 전에 어떻게 철자 쓰는 기술을 향상시킬 수 있는지 배울 수 있을 것입니다.

각자가 선호하는 학습 방식을 알면 효과적으로 배울 수 있습니다.

당신의 아이는 자기도 모르게 이 모든 것들을 할지도 모릅니다. 지금 무슨 일이 일어나고 있는지 인식하게 해 줌으로써 아이는 배움을 향상시킬 뿐 아니라 삶을 보다 더 즐길 수 있게 될 것입니다.

만약 아이가 몰입한 상태에 있다면 "지금 너는 누구야?"라는 질문을 던져 보세요. 아이가 '나' 혹은 자신의 이름이나 별명을 말한다면 가능성이 있습니다. 아이가 완전히 그리고 완벽하게 그 자신인 채로 있음을 나타내기 때문이지요. 만약 '바보', '쓸모없는 애', '재미없는 애'라는 부정적인 대답을 듣게 된다면 다시 한 번 질문을 해 보세요. 그래도 계속 부정적인 대답이 돌아온다면 자신감의 나라로 여행을 떠나 보세요.

17번 카드의 세 위치에 대해 설명하세요.

- 첫째 – 우리가 우리 자신일 때
- 둘째 – 우리가 다른 사람일 때
- 셋째 – 우리 자신을 관찰하기

이 카드의 열쇠는 당신의 아이로 하여금 세 위치의 차이를 인식하게 하는 데 있습니다. 따라서 아이에게 각각을 생각해 보고 피드백을 달라고 하세요. 대화를 통해 아이가 잘 이해하지 못한다는 것을 알았다면 당신이 한번 아이의 입장이 되어 보세요.

"네가 다른 사람의 입장이라면 어떻게 생각하겠니?"
"네가 너 자신을 바라본다면 어떻게 생각하게 될까?"

우리의 삶은 첫 번째 위치에서 살아갈 때 가장 좋습니다.

17 지각된 포지션

우리는 우리 자신으로부터 어떻게 배울 수 있을까요?

다른 사람이 된다는 것은 어떠한 느낌을 갖게 할까요?

잠시 뒤로 물러서서 자기 자신을 바라보는 것을 생각해 본 적이 있나요?

우리 모두는 그런 적이 있을 것입니다.

어떤 까다로운 문제나 어려운 것을 배워야 하는 상황에 놓였을 때, 당신이 아는 어떤 사람의 입장에 서 봄으로써 그러한 문제를 쉽게 풀 수도 있습니다. 그 사람이 되어 보는 것은 그가 생각하고 추론하고 이해하는 방식을 받아들이는 것입니다.

골치 아픈 상황 혹은 거기에 더해서 배우기 위해 씨름해 보았나요?

아주 잠시 동안 당신의 몸으로부터 주의를 돌려 당신을 바라보세요. 당신의 평범한 관점이 위에서, 맞은편에서, 심지어 아래에서 흐를지도 모릅니다.

마지막으로, 당신의 주의와 관심이 필요한 순간에 즉시 당신의 몸을 인식하고, 100% 당신이 되고, 당신의 눈과 귀와 느낌을 가지고 무슨 일이 벌어지는지를 주목하세요.

이 기술들을 의식적으로 연습하세요(당신은 이미 수년 동안 그렇게 해 왔습니다만 잘 자각하지 못할 수 있습니다). 여기서 지금 존재함으로써 당신의 삶을 살아가세요. 어려운 순간에 당신 자신을 관찰하세요. 그리고 무언가를 타인의 관점에서 보아야 할 필요가 있을 때 그 사람의 입장이 되어 보세요.

 이해하기

18번 카드가 말해 주듯이, 우리가 우리의 감각을 어떻게 사용하는지를 발견하고 만능 학습자가 되어 가는 것은 천재성의 원칙이자 인증된 학습의 길입니다.

때때로 우리는 기억하고 경험하기 위해 다른 감각들을 사용합니다. 아이의 선호도를 알아보기 위해 다음과 같이 물어보세요.

> *"네가 지금 무엇을 한다고 생각할 때, 어떤 기억을 떠올리는 게 가장 쉬니? 어떤 장면, 소리, 아니면 느낌을 생각하는 것 중에서 무엇이 더 쉬니?"*

대답을 통해 아이의 선호도를 알게 될 것입니다. 보다 확실하게 알기 위해 몇 개의 예를 골라 물어보세요.

> *"몇 달 전 혹은 몇 년 전으로 돌아가서 생각해 볼 때, 가장 먼저 떠오르는 게 뭐야? 장면, 소리, 아니면 느낌이 생각나니?"*

이 질문을 통해 당신은 아이가 무언가를 기억해 낼 때 이용하기 좋아하는 것에 대한 감각을 갖게 될 것입니다. 아이가 무엇을 이야기하든 다른 감각도 함께 사용하도록 격려하세요.

"장면/소리/감정을 더 생각해 낸다면 어떻겠니?"

18번 카드를 읽으면서 우리의 언어는 우리의 선호에 대한 단서를 준다는 것을 주목하세요. 보이는(밝기, 선명함, 보는 것 등), 들리는(톤, 듣기, 귀 기울이기 등), 느끼는(쥐기, 하기, 느끼기 등) 단어로 아이를 맞이하여 다른 감각들을 발달시키도록 격려하세요.

18

YOUR SENSES[SEE, HEAR, FEEL, SMELL, TASTE]

감각[보기, 듣기, 느끼기, 냄새 맡기, 맛보기]

배우는 상황에서 당신은 무엇에 가장 집중하나요?

보는 것, 듣는 것, 느끼는 것, 냄새 맡는 것, 맛보는 것?

세계를 이해하는 데 가장 선호하는 방식은 어떤 감각(또는 공감각)인가요?

그것은 당신이 무엇을 하고 있느냐에 달렸으나 당신이 더 선호하는 것이 있을 것입니다. 그리고 그것은 아마 당신이 자주 사용하는 감각과 기억하고 있는 것들에 의해 달라질 것입니다.

당신은 볼 것을 요청받았을 때 스위치를 끄나요? 사람들의 이야기를 들으며 판단하나요? 당신이 어떻게 느끼는지 알아채기가 어려운가요?

'학습'은 가능한 한 많은 감각을 사용할수록 최상의 결과를 낳습니다. 다른 감각들을 덜 사용할수록 당신의 학습 능력은 제한됩니다.

이유도 없이 다른 사람을 미워했을 때, 어떻게 그 사람과 최상의 관계를 맺으면 좋을지 생각해 본 적이 있나요?

나는 당신이 "나는 당신의 관점을 잘 들었어요."라고 말하리라 믿습니다.

좋아하는 것을 발견하고 모든 것을 배울 수 있는 학습자가 되도록 이 방법들을 적용해 보세요.

이는 천재들의 원칙입니다.

 모델링

19번 카드는 우리가 우리 앞에 나타난 다른 사람을 모방하면서 일하고 움직이고 이야기하며 배운다고 지적합니다. 때로 이것은 모델링이라고 불립니다.

모든 학습은 모델링이라고 해도 과언이 아닐 것입니다. 그러므로 당신의 아이가 모델링할 사람을 찾아 행동할 수 있도록 도와주는 것이 좋습니다.

> "너의 명확한 행동은 내[엄마/아빠/형제자매/영웅]를 좋아한다는 것이라고 생각해. 그렇게 해서 무엇을 배웠니?"
> "다른 사람들을 따라 하면서 배울 때 어떤 감각을 사용했니?"

만약 아이가 중요한 과목을 싫어하거나 약점을 가지고 있다면 아이의 학습을 도와줄 수 있는 역할 모델을 찾아 주세요.

> "누가 이걸 잘하지? 그들로부터 무엇을 배울 수 있다고 생각하니?"
> "어떤 예를 들어 주면 네가 더 잘하는 데 도움이 될까?"

19 모델링[역할 모델 되기]

오로지 당신이 되고 싶은 대로 학습하세요.

학습에 대해 이야기한 것을 기억하나요?

위대한 작업을 하기 전에 포기하거나 절망한 경험이 잦은가요?

늑대와 원숭이가 기른 아이들의 이야기를 들어 보았나요?

그들은 늑대와 원숭이같이 걷고 말했습니다.

당신이 당신의 아빠 또는 엄마 같다고 말한 사람이 있나요?

당신의 자녀에게 이에 대해 이야기해 주는 것은 어떤가요?

과거와 현재에 당신의 역할 모델은 누구인가요?

무엇이 오늘의 당신을 만들었나요?

무엇이 당신의 아이들이 그들 자신이도록 만들었고, 또 앞으로 만들까요?

우리는 본능적으로 자연스럽게 모방합니다. 우리는 다른 사람이 어떻게 움직이는지, 말하는지, 그들 자신을 지키는지, 학습하는지, 숨 쉬는지, 옷 입는지, 성공하는지, 실패하는지, 노래하는지, 맹세하는지, 기도하는지 무의식적이라고 할 정도로 따라 합니다. 우리는 대부분 우리가 무엇을 이야기하는지 깨닫지 못한 채 매순간 모방을 합니다.

그러므로 당신이 아는 최고의 사람을 의식적으로 모방하도록 노력해야 하며, 당신의 자녀에게 좋은 예를 설정해 주는 데 많은 노력을 기울여야 합니다.

아이는 항상 당신이 하는 대로 할 것입니다. 당신이 하는 대로 아이가 말할 때, 당신이 한 것과 조화를 이루는 것입니다.

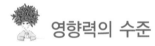

영향력의 수준

20번째 카드는 강력한 코칭 질문으로 넘쳐납니다. 영향력을 미치는 각각의 수준은 고유의 질문을 가지고 있는데 모두 중요합니다.

자녀가 옳은 일을 하는 순간을 포착하세요. 자녀가 열심히 공부할 때, 언제 어디에서 영향을 받는지 살펴보세요.

"너는 언제 그리고 어디서 최고가 되니?"

과제를 잘 수행하고 있을 때,

"지금 무엇에 집중하고 있니?"

매우 기술적일 때,

"어떻게 이것을 했니?"

쉬운 질문으로 구체적인 일들을 추적하세요.

'왜' 라는 질문은 양날의 검과 같이 종종 이중적인 의미를 띱니다. 질문과 경청에 관한 더 자세한 내용은 9장에 있습니다. '왜' 라는 질문은 자녀의 신념이나 가치를 알아내도록 도와줄 수 있습니다.

몰입했을 때를 회상해 보세요.

"너는 이것을 왜 즐기니?"

우리는 보다 쉬운 정체성에 관한 질문을 마주합니다.

"지금 너 자신이 누구라고 생각하니?"

많은 것이 함축된 질문인 '그 밖에 어떤 것(why else)' 질문 또한 삶의 여정에서 실질적인 선택의 시작을 이끌어 냅니다.

"만약 어떤 능력이든 선택할 수 있다면 너는 무엇을 선택하겠니?"
"네가 능력이 되든 안 되든 네 삶에서 어떤 것이든 할 수 있다면 무엇을 하고 싶니?"

높은 수준의 동기 부여는 우리가 어떤 일을 사랑하거나 매우 하고 싶어 하는 것을 할 때 종종 일어납니다. 무언가와 또는 누군가와 당신이 연결되어 있다고 생각해 본 적이 있나요? 당신의 동료, 부모님, 자녀, 사촌? 친구들, 지역사회, 자연, 인종, 교회, 신앙 또는 종교? 이러한 영향력의 수준은 현명하게 사용되어야만 합니다.

"누구 또는 무엇을 위해 너는 그 일을 하니?"

각 수준들이 순서대로 결합되는 것은 강력한 동기 부여의 도구가 됩니다.

20 영향력의 수준

20 영향력의 수준

무언가 또는 누군가와 당신이 연결되어 있다고 생각해 본 적이 있나요? 당신의 동료, 부모님, 자녀, 사촌? 친구들, 지역사회, 자연, 인종, 교회, 신앙 또는 종교?

당신은 그 밖에 어떤 이유로 당신의 열정을 좇나요?

당신이 최고라고 느낄 때 당신은 누구인가요? "오늘은 내가 아니야."라고 말해 본 적이 있나요?

당신은 왜 자녀가 할 수 있는 한 최고가 되길 원하나요?

가장 잘할 수 있는 확실한 방법은 무엇인가요?

다른 것들로부터 영향을 받거나 감동받았을 때 당신은 무엇을 하나요?

언제 그리고 어디서 당신은 최고가 되나요?

당신의 자녀가 잘못된 장소 또는 시기에 있나요? 그들에게 필요한 변화는 무엇인가요? 그들은 어떻게 하는 것이 바른지 배우나요?

그들은 지지하는 신념이 있나요? 그들은 자기 자신에게 허용적인가요? 그들이 가진 최고의 관심사라고 믿는, 그 밖에 무엇을 해야만 하나요? 그들은 자기 자신보다 훨씬 더 큰 존재를 믿나요?

자녀와 당신이 바른 행동 및 기술과 함께 옳은 시간과 장소를 신념에 의해 결합시켰다고 가정해 보세요. 그때 당신은 누구와 함께 있으며 무엇을 하고 있나요? 당신은 무엇이 되고 싶은가요?

 습관적인 패턴

21번째 카드는 당신 아이의 습관적인 생각이나 사고의 패턴을 알 수 있게 합니다. 이러한 패턴들은 상당히 고정적이어서 아이는 이것을 장점으로 사용할 수 있습니다.

우선 열 가지 질문 중 일곱 가지는 서로 반대되는 두 가지의 범위와 관련되어 있습니다.

첫 번째 질문은 자녀가 정교한 세부 사항을 좋아하는지 또는 큰 그림을 좋아하는지 알아낼 수 있도록 도와줍니다. 정교한 세부 사항을 즐기는 사람들은 수학이나 과학 과목이 필요하며, 시계를 만드는 일이나 회계사 같은 직업을 좋아합니다. 큰 그림을 좋아하는 사람들은 미술, 문학, 건축, 그리고 사람과 관련된 일을 잘 다루는 경향이 있습니다.

"이 카드를 읽을 때, 너는 세부 사항과 큰 그림을 그리는 것 중 무엇을 더 선호하니?"

어떤 아이들은 체크리스트가 주어지거나 정해진 과정이 있는 것을 좋아할 것입니다. 다른 아이들은 완만한 지침에 기초하여 자기 것을 하기를 좋아할 것입니다.

"무엇을 요청받았을 때, 너는 과정이 정해져 있거나 부가적인 선택 사항이 있는 것을 더 좋아하니?"

우리는 또한 앞으로 나아가는 강화(예를 들면 승리)나 어떤 것으로부터 멀어지는(예를 들면 지지 않는 것) 동기를 부여받습니다. 간단하게 말해서 당근과 채찍이지요.

"너는 무엇에 더 끌리니? *이기는 거니*, 지지 않는 *거니?*"

연령에 따라 자녀가 주어진 일을 하거나 프로젝트에 참여하는 것, 다른 사람과 함께 일하기를 선호하는 것은 그들의 직업 선호도에 있어 매우 다양한 정보를 줍니다. 그것은 또한 사람들이 속해 있는 대부분의 직업에 코칭이 필요한 매우 중요한 이유가 될 것입니다.

"일을 할 때 너는 *해야 할 일과 사람* 중 어떤 것을 더 좋아하니?"

만약 당신이 한 칭찬 또는 피드백에서 저항을 발견한다면 다음 질문은 매우 중요합니다.

> *"다른 사람들이 너에게 일을 잘했다고 말하는 편이니? 아니면 일을 잘했다는 것을 너만 아니?"*

우리 중 누군가는 말하는 것을 좋아하지 않는다는 것을 알고 있습니다. 그리고 우리 중 누군가는 다른 사람들의 의견에 매우 의존적이어서 이야기해 주는 것이 필요합니다.

당신의 자녀는 아마 그들 자신이나 다른 사람을 향해 집중하는 경향이 있을 것입니다. 만약 후자라면 그들은 재빨리 비언어적인 신호를 사용할 것입니다. 그러니 당신의 몸짓 언어를 기억하고 있으세요.

> *"너의 관심은 대부분 너 자신을 향해 있니, 아니면 다른 사람에게 향해 있니?"*

이미 밝혀졌듯이 당신의 자녀는 학습할 때 선호하는 구체적인 감각을 가지고 있습니다. 그리고 기회는 당신의 자녀가 선호하는 감각을 남기고 싶어 하며 그것들을 확신할 수 있다는 사실입니다.

"보고, 듣고, 느끼고, 읽고, 무언가를 하는 것 중 무엇이 네가 사용하는 최고의 감각이라고 확신하니? 얼마나 자주 그렇게 느끼니? 즉시, 시간이 지나고, 몇 가지 예를 거친 후에, 또는 전혀 확신할 수 없니?"

많은 아이들은 다양성을 좋아합니다. 우리는 소리 비트의 세계, 지속적으로 변화하는 세상에 살고 있습니다. 하지만 몇몇 아이들은 모든 아이들이 같지 않다는 것을 알고 있습니다.

"너는 좋아하는 것을 얼마나 자주 바꾸니? 드물게, 대부분의 시간 동안, 가끔, 전혀?"

이상적으로 당신의 자녀는 선택을 통해 스트레스에 반응할 수 있습니다.

"스트레스를 받을 때 너는 감정적이 되는 것, 조용히 있는 것, 생각하는 것 중에서 무엇을 선택하니?"

일단 자녀가 좋아하는 것을 찾아냈다면 자녀의 학습과 임무에 그것을 적용할 수 있도록 도와주세요.

21 감각을 사용한 후에 무엇을 하나요?

당신은 어떻게 세계를 해석하나요?

이 카드들을 읽을 때, 당신은 세부 사항과 큰 그림 중에서 무엇을 더 선호했나요?

당신은 과정이나 부가적인 선택 사항이 정해져 있는 것을 더 좋아하나요?

당신은 이기는 것과 지지 않는 것 중에서 무엇에 더 끌리나요?

과업 또는 사람 중에서 당신이 더 선호하는 일의 방식은 무엇인가요?

당신은 무언가를 잘했을 때 이미 당신이 잘했다는 것을 알고 있나요? 아니면 당신에게 잘했다고 말해 주는 사람이 필요한가요?

당신의 관심은 주로 자신을 향해 있나요? 아니면 다른 사람에게 향해 있나요?

무언가에 익숙해질 때 보고, 듣고, 느끼고, 읽는 것 중에서 무엇이 최고의 방법인가요? 얼마나 자주 그 방법을 사용하나요? 즉시, 시간이 지나고, 몇 개의 예를 거친 후에, 또는 전혀 익숙해지지 않나요?

당신은 얼마나 자주 좋아하는 것을 바꾸나요? 거의 안 바꾸거나, 대부분의 시간 동안 바꾸거나, 때때로 바꾸거나, 아예 안 바꾸나요?

스트레스를 받을 때 당신은 감정적으로 변하나요? 고요한 상태를 유지하거나 생각이 많아지나요? 아니면 둘 중 하나를 선택하나요?

당신이 가진 생각과 작업 방식대로 당신의 자녀도 그렇게 할 것입니다.

 연결하기

　당신의 자녀가 마인드맵을 이용할 수 있도록 노트를 만드는 것(22번 카드)은 도전할 기회를 줍니다. 마인드맵은 1960년대 후반에 학생들이 핵심 단어와 이미지를 정리하는 데 사용하도록 돕기 위해 토니 부전 (Tony Buzan)[17]이 개발했습니다. 마인드맵은 시각적인 방법으로 더 쉽게 기억하고 회상하도록 해 주기 때문에 더 빨라지게 만들었습니다.

　이 비선형적 마인드맵의 종류는 지도 안에 있는 서로 다른 요소들을 전후 참조하고 연결하는 것을 더 쉽게 만들어 주었습니다. 이 주제에 관한 훌륭한 책들이 많이 있고, 오늘날 많은 학교들은 이 기술을 가르칩니다.

> "마인드맵을 사용하면 어떤 과목, 주제, 일을 더 잘 이해할 수 있니?"
> "어떻게 마인드맵의 가치를 더 알 수 있을까?"

---

[17] 토니 부전의 웹사이트(http://www.mind-map.com)에서 더 많은 정보를 볼 수 있습니다.

22 연결하기

다음과 같은 도표를 만들어 본 적이 있나요?

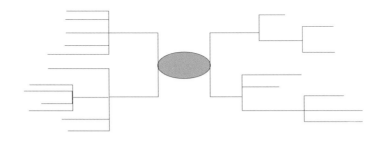

마인드맵은 우리 뇌의 표본입니다. 우리의 뇌는 그림과 같이 생각하고, 우리가 보고 듣고 경험하는 것들 사이의 연결을 만듭니다. 마인드맵을 사용하는 것은 정보와 아이디어, 개념을 배우는 방법을 바꿀 것입니다.

정보를 기억하는 이 새로운 방법은 재조정하는 데 아주 적은 시간이 걸릴 것이라고 주장합니다.

더 기억할 것

23번 카드는 회상을 증진시키는 기술에 관한 시리즈의 목록입니다. 자녀의 학습을 촉진시키는 질문이 포함되었습니다.

"학습을 할 때, 중요한 정보를 위해 어떤 기분으로 시작하니?"
"스스로 쉬도록 허락하면 네 마음은 기억하는 것을 도울 거야."
"어떤 종류의 음악이 네가 더 잘 배우는 데 도움이 되니?"

음악적인 음계를 외우고 싶나요? 음악을 공부하는 학생들은 'Every Good Boy Deserves Favour(EGBDF)'가 높은음자리표 다섯 줄의 이름을 기억하기 쉽도록 만든 문구라는 것을 알고 있습니다.

숫자는 어떨까요? 1—Candle(양초), 2—Swan and so on(백조 등등).

누군가를 처음 소개받았을 때, 그 사람의 이름을 크게 반복해서 외치면 당신은 그것을 들을 것입니다. 그 사람의 이마에 이름을 쓴다고 상상해 보면 당신은 그것을 볼 수 있을 것입니다. 집중해서 그릴 수 없다면 그의 이름을 손가락으로 허공에 써 보며 그것을 느낄 수 있을 것입니다.

> *"누군가를 생각할 때, 그것이 무엇 같아 보이니? 어떤 소리가 들리니? 무엇이 느껴지니?"*

당신이 떠올린 사람의 얼굴을 보다 크고 선명하게 만들어 보세요. 그 주변을 돌아보세요. 거기에 당신이 좋아하는 음악을 붙여 보세요.

23 더 기억할 것[1]

우리는 어떻게 더 잘 기억할 수 있을까요?

당신이 기억하고 싶은 것은 그것을 연관시키는 데 얼마나 많은 감정적 소비가 필요한가요?

당신의 기억력이 희미해질 때, 당신은 어떤 상태에 있나요? 긴장되나요, 불안한가요, 이완되나요, 확신하나요?

정보나 사실, 이론을 기억하는 것은 당신이 그것을 얼마나 효과적으로 흡수하는지, 그것을 얼마나 잘 조직하는지, 그리고 그것을 얼마나 잘 회상하는지에 달려 있습니다.

속독하는 법을 배우면 당신의 흡수력이 향상될 것입니다. 모차르트나 바흐를 당신이 배운 대로 연주하세요.

마인드맵을 사용하여 당신이 배우고 있는 것을 조직화하세요(22번 카드의 연결 만들기를 보세요).

회상을 증진시키기 위한 그림을 활용해 연상함으로써 이야기, 숫자와 관련된 단어들을 연상하세요.

최소한 세 가지 감각을 사용하여 얼굴을 회상하세요. 당신이 저장한 무언가를 쉽게 기억할 때 마음의 눈은 어디에 있나요?

크기, 색상, 그리고 당신 내면의 이미지 위치를 실험해 보세요. 당신이 좋아하는 음악을 첨가하세요.

당신이 기억하고 싶은 것을 크고 선명하고 밝게 만드세요. 잊어버리고 싶나요? 그것들을 작게 만들면 흐릿하고 멀어질 거예요.

철자 기억 전략

당신과 자녀는 철자 쓰는 법을 어떻게 알게 되었나요?

앞의 카드에 따르면 24번 카드는 기술을 포함하고 있습니다. 이 기술들을 가르친 후 질문함으로써 기억력을 확인해 보세요.

"이전에 확실히 알지 못했던 단어는 무엇이니? 지금은 철자를 쓸 수 있니?"

"네 눈이 위로/왼쪽으로/오른쪽으로/아래로 움직일 때 네 마음속에 무엇이 떠오르지?"

카드를 보세요.

"어떻게 하면 너는 실제로 시험에서 성공할 수 있을까?"

24 더 기억할 것[2]

당신은 철자를 바르게 쓸 수 있는지 어떻게 아나요?

철자를 잘 기억하는 사람은 단어를 마음의 눈으로 봅니다. 좋은 느낌이 확인 되면 그것은 올바른 철자법입니다.

만약 철자법이 약하다면 '단어를 크게 소리 내어 말하기'가 도움이 될 것입니다. 올바른 버전을 읽고 그것을 바라본 후 눈을 왼쪽 위로 움직임으로써 철자법 을 개선할 수 있습니다(만약 잘되지 않으면 오른쪽 위를 시도해 보세요). 기분 이 좋다면 그것이 당신에게 잘 맞는 방법이기 때문입니다.

철자를 쓰고 싶어질 때 이미지를 회상해 보세요. 단어들을 다른 색으로 표현 하세요. 이렇게 함으로써 철자법을 바르게 쓸 수 있을 것입니다.

단어나 음악을 회상하기 위해 왼쪽을 가로질러 바라보세요(어떤 사람들은 오 른쪽이 더 적당할 것입니다). 오른쪽(또는 왼쪽) 아래를 바라보며 느낌을 회상 해 보세요.

위를 바라보며 그림이나 다이어그램을 회상하세요.

시험이나 테스트를 위해 테스트 받을 장소의 중앙을 시각화하세요. 당신이 무엇을 하게 될 것인지 상상하세요. 테스트를 통과하기 위해 필요한 기술들 을 생각하세요. 당신이 통과할 것이라는 욕구를 믿으세요.

당신은 테스트를 통과한 사람입니다. 이 테스트는 삶의 많은 목표 중 하나일 뿐입니다.

테스트를 통과한 사람들, 또는 당신이 가장 소중하게 생각하는 것들을 연상 하세요.

 마무리

　모델링에 대해 배우면서 학습은 '의존적인 상태' 라는 것을 알 수 있었습니다. 즉, 우리가 편안하고, 경계하고, 집중하고, 스트레스를 적절하게 조절할 수 있으며, 나쁜 음식이나 음료의 영향으로부터 자유로워질 때 우리의 학습은 가속화될 것입니다.

　마지막으로 중요한 점은, 때때로 우리의 좌뇌[우리가 사실, 정보를 배우거나, '표준의' 기록을 만들어 낼 때 과다 사용되는]는 그림을 그리거나 창의적인 것에 관여하는 우뇌보다 잘 연결되지 않습니다.

> "어떤 방법을 사용하면 노력 없이도 배울 수 있니?"
> "네가 더 잘 배우기 위한 방법으로 매일 사용하는 방법은 무엇이니?"
> "이러한 행동과 학습을 어떻게 연결시킬 수 있니?"

　운동과학 교육(education kinesiology)[18]은 좌뇌와 우뇌를 빠르게 통합하며 움직일 수 있는 전체 범위를 만들었습니다. 잭 스튜어트는 2006

---

18 운동과학은 운동과 일상생활에서 사람의 움직임이 가진 영향력과 효율성을 향상시키는 방법을 찾는 것, 그리고 신체가 잘 작동하게 하는 행위의 요소들을 연구합니다.

년 『Moving For A Change』를 펴냈습니다. 그 책은 정지 상태에서 당신의 삶을 바꿀 자전거를 타는 것까지 움직이는 데 당신이 사용할 수 있는 36가지 방법을 담고 있습니다.

학습

당신은 여전히 배우고 있나요? 아니면 '태도의 강화(hardening of the attitudes)'로 고통받기 시작했나요? 이 장에서 무언가를 얻었다면 그것이 무엇인지 정확히 써 보세요.

1. _____

_____

2. _____

_____

3. _____

_____

4. _____

_____

솔로코칭

이 지식을 알고 난 후 당신은 무엇을 다르게 할 수 있나요?

1. _____

_____

2. _____

_____

3. _____

_____

4. _____

_____

CHAPTER

8

코칭

Coaching

코칭은 비교적 새로운 전문 영역입니다. 코칭을 이해하는 데 고려해야 할 중요한 측면은 성취의 측면에서 생각하는 것입니다. 다시 말해 목표를 염두에 두고 시작하는 것입니다. 일단 무엇을 성취하고자 하는지를 알게 되면 진행 과정 중에 부족한 점을 채워 나갈 수 있고, 결국에는 성공으로 귀결될 수 있습니다.

코칭은 상담이나 컨설팅과는 매우 다릅니다. 코칭은 과거에 관한 것이 아니며, '만약 …라면', '아마 언젠가는' 에 대해서는 비교적 덜 주목합니다. 코칭은 성과를 개선하고, 다른 사람 그리고 간혹 부모가 생각하는 중요한 것을 성공하도록 지원하는 데 초점을 맞춥니다.

부모 코칭에서는 거의 관계를 향상시키는 데 기여합니다. 코칭을 받는 아이는 더 명확하게 표현하고, 자신감과 힘을 가지고 행동하기 시작할 것입니다.

홍미롭게도 아직 태어나지 않은 아이를 코칭하는 것도 가능합니다. 당연히 "과연 그것이 가능한 일인가?" 하는 의문을 가질 수 있습니다. 엄마의 자궁에 있는 동안 태아의 의식을 일깨우는 것이 가능할 뿐만 아니라 바람직하다는 증거가 있습니다. 자궁 내에서 자극을 받아 뇌세포가 성장한 태아와 그렇지 않은 태아를 비교한 연구가 많습니다. 이에 대한 후속 연구와 논의가 지속되고 있지만, 태아의 뇌세포는 자극을 받으면 성장하는 것으로 관찰되었습니다. 임신 중 특별히 주의를 기울이지 않은 경우, 일부는 뇌세포의 수가 50%까지 줄어들었음을 알 수 있습니다.

이러한 사실은 코칭과 어떤 관련이 있을까요? 임신부가 태아의 움직임을 감지할 수 있을 때 간단하고 규칙적인 코칭 연습을 적용해 봅시다. 예를 들어, 태아가 뱃속에서 차거나 임신부의 배 한쪽에서 밀 때 복부의 일정한 부위를 정해진 수만큼 톡톡 두드리는 등 태아에게 명료하고 간단한 반응을 보내는 것입니다. 태아가 한 번 차기나 밀기를 할 때마다 두 번 혹은 세 번의 두드림과 같은 일관적인 반응이어야 합니다. 목표는 태아의 발차기 등이 정해진 반응을 이끌어 낸다는 것을 태아가 인지하도록 피드백의 순환 고리를 만드는 것입니다. 학습이 일어날 수 있도록 반응은 반드시 일관적이어야 합니다. 좋은 경험이 되길 바라며, 혹 특별한 일이 일어날 경우 저희에게도 알려 주시기 바랍니다.

훈육

가치 있는 목표를 성취하기 위해서 훈육은 필수적입니다.

아이가 무언가를 시작했는데 끝내지 못한 적이 있나요? 꼭 마치려고 했으나 어떤 이유로든 끝내지 못한 적이 있나요?

우리가 간혹 간과하는 점이 있다면 그것은 성공을 위해 반드시 필요한 행동을 지속하지 못한다는 것입니다. 이런 사실을 인정한다면 우리 아이들이 훈육의 역할을 이해하도록 돕는 것도 우리의 중요한 책임입니다.

25번 카드를 전체적으로 읽어 보세요.

마지막 줄을 살펴보세요.

이를 사실로 인정하는 것이 위험한 일인가요?

상황이 어려워지는 지금 시점에 결정을 내리세요.

"나는 아무리 어려워도 필요한 일정 수준의 훈육을 실행할 것이다."

25 훈육

용감하게 훈육합시다. 자녀의 삶은 훈육에 달려 있습니다.

어렸을 때 간혹 말을 안 들어도 선생님들이 그냥 지나치거나, 어떤 경우에는 그냥 지나치지 않는 경우가 있기 때문에 선생님보다 내가 한 수 위라고 생각했던 적이 있나요?

당신이나 다른 아이들이 선생님이 머리끝까지 화가 나도록 하지 않았나요?

이제는 부모가 된 자신이 그런 선생님과 같지는 않은지 한번 생각해 보세요.

언어의 일관성은 매우 필수적인 요소입니다. 특히 어려운 문제에 부딪혔을 때는 더욱 그렇지요. 겉으로는 그렇지 않은 것처럼 보이지만 아이는 본능적으로 기준, 규율, 안정감을 증명할 수 있는 부모의 예측 가능한 말과 행동을 갈망합니다.

그렇다면 부모가 할 일은 무엇일까요?

희망이 있는 초반에 자녀를 훈육해야 합니다. 자녀의 행동을 규제하는 것이 최선이라고 확신하면 "안 돼!"라는 말을 해야 합니다.

늘 개방적인 마음을 갖지는 마세요. 최상의 도움이 되는 결정을 내리기 위해 지난 수년간 쌓아 온 지혜를 발휘하세요. 그렇지 않으면 당신은 아이의 인생을 망치는 일을 저지르게 될 것입니다.

목표 설정

먼저 26번 카드를 잘 읽어 보세요.

내가 아이들과의 대화 중 항상 놀라움을 감추지 못하는 것은, 아이들과 함께 목표를 정할 때 그들 사이에서 꽤 인기 있는 주제에 관해 이야기를 나누는데도 대다수의 아이들이 실제로 자신의 목표에 대해 명확하게 말하지 못한다는 점입니다.[19] 또한 이런 아이들은 보통 자신이 원하지 않는 것이 무엇인지도 명확하게 알지 못합니다.

그러나 삶은 완전히 일관적입니다. 즉, 충분히 오랜 기간 동안 초점을 맞추면 언젠가는 실제로 그것이 현실이 됩니다. 그래서 "나는 X가 싫어."라고 지속적으로 반복해서 말하면 그것이 곧 현실이 될 가능성이 있습니다. 본질적으로 부정적인 말을 하면 실제로 부정적인 목표를 설정하는 것과 같게 됩니다.

카드에 있는 루이스 캐럴의 수업에 관해 아이와 함께 이야기를 나눠 보세요.

"나는 내 삶에서 성취하고 싶은 것에 대한 목표를 진정으로 가지고 있는가?"라고 자문해 보세요. 목표가 없다면 왜 없을까요? 무엇이 당

---

19 루이스 캐럴, 『이상한 나라의 앨리스』, 1865.

신을 주춤하게 하나요? 실패에 대한 두려움이 있는 것은 아닌가요?

당신의 아이를 성공으로 이끌기 위해 코칭을 강도 높게 받아들인다면 자신의 위치를 먼저 고려하는 것이 매우 유용할 것입니다.

이제 당신의 남은 삶 동안 성취하고 싶은 도전적인 것 몇 가지를 적어 보세요. 무엇이든 상관없습니다.

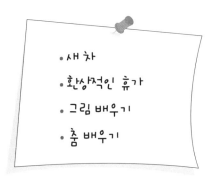

기준을 정하세요. 그리고 정한 기준을 반드시 글로 쓰세요. 그러면 이제 자신이 완벽하게 이해한 부분에 대하여 아이와 대화를 할 준비가 되었고, 이야기를 진행할 수 있는 상대가 된 것입니다.

목표는 비전에 다가가기 위한 실행 계획이 있는 꿈이라는 것을 기억하세요.

26 목표 설정

당신은 지금 내가 어디로 가고 있는지 그 방향에 대해 알고 있고, 좋아하나요?

> 앨리스는 "여기서 내가 어떤 방향으로 가야 하는지 알려 줄래?"라고 물었다.
> "그거야 네가 가고 싶은 곳에 따라 상당히 달라지지."라고 고양이가 말했다.
> "어디든 상관 안 해."라고 앨리스가 대답했다.
> 고양이는 "그러면 어떤 방향으로 가든지 상관없지."라고 말했다.
> — 루이스 캐럴, 『이상한 나라의 앨리스』

당신은 어떤 목표를 가지고 있나요? 목적지에 도달했는지 어떻게 알 수 있을까요?

당신 말고 다른 사람이 관여하나요? 목표의 성취는 당신에게 어떤 의미가 있나요?

이러한 관점을 고려하지 않으면 목표 성취는 어디에도 이르지 못하는 길 위에 있어 마치 교통의 흐름대로 무작정 흘러갈 가능성이 높아진다는 것을 알아야 합니다.

원칙

지금 자신이 무엇을 하고 있는지 모르는 상태에서 그 행동을 어떻게 멈출 수 있을까요?

아마도 당신은 이 질문에 대해서 잠시 동안 깊이 생각해 보았을 것입니다. 자신이 무엇을 하고 있는지 모를 때는 당연히 그 행동을 멈출 수 없습니다. 반대의 상황(한 번도 일어나지 않았을 무언가를 하는 것)에도 같은 원리가 적용되지요. 이야기가 너무 어려워지나요?

이제 카드를 읽어 보세요.

카드를 읽고 나서 당신의 인식이 바뀌었다는 것을 이제 이해할 수 있나요?[20] 당신은 자신의 인식이 바뀔 필요가 있다는 것을 알지 못했을 것입니다. 이는 타인과의 상호 작용에도 적용되며, 우리 아이들과의 교류에도 동일하게 적용됩니다.

당신이 할 일은 아이가 무언가를 하고 안 하고 여부를 통해 결과적으로 얻을 효과에 대한 인식을 높여 주는 것입니다. 이것은 단순히 "넌 항상 이것을 해라." 혹은 "넌 항상 이것은 하지 마라."라고 말하여 무엇인가를 지적해 주는 것이 아닙니다. 이는 훨씬 더 섬세한 것입니다.

다음과 같이 시도해 보세요.

---

20 존 휘트모어 경의 「성과 향상을 위한 코칭 리더십」을 포함한 다수의 자료를 받아들였습니다.

"네가 얼마나 잘하느냐에 영향을 주는 게 무엇일까?"

"얼마나 자주 그것을 했다고 말할 수 있을까?"

"네 친구에게 그것이 의미 있을 것이라고 생각해 보았니?"

이 질문은 당신 자신에게도 물어볼 수 있습니다.

깨달음의 수준이 향상됨에 따라 코칭 그림 맞추기의 다음 조각이 나타납니다. 이는 책임감입니다. 무언가에 대해 인지하면 당신은 최소한 그것에 대한 소유의 선택권(option)을 갖게 됩니다. 이것은 선택할 수 있는 권리를 말합니다.

27 원칙

코칭의 본질은 개인의 깨달음과 책임감의 수준을 높이는 것입니다.

자녀 양육에 관한 당신의 목적은 아이가 지금까지 불가능할 것이라고 여겼던 것을 할 수 있도록 능력에 힘을 불어넣어 주는 것입니다.

아이로 하여금 잘하고 있고(*완전하게 기능적*), 따로 고칠 점이 없으며, 이미 필요한 자원은 모두 갖추고 있다는 것을 이해하도록 지원해 주세요.

당신의 유일한 (*그리고 정신에서 우러난*) 목적은 아이의 '능력을 한 단계 끌어올리거나' (*개선의 기능*) 탁월한 수준으로 끌어올리게 할 반응을 발견하도록 도움을 주는 것입니다.

아이가 자신의 삶을 감당할 수 있는 정도로 능력이 자라났음을 알게 되는 순간 돌파구가 생깁니다.

온전한 경청

- 당신은 다른 사람의 말을 잘 경청하나요?
- 그것을 어떻게 알 수 있나요?
- 당신은 다른 사람이 말할 때 집중하나요?
- 다음 카드를 미리 살짝 보았나요?
- 무엇이 집중을 분산시키나요?
- 집중하기가 쉽지 않나요?

사실 주의를 산만하게 하는 잠재적인 것들이 많습니다. 그러나 한 가지 확실한 것은, 당신이 아이에게 진심 어린 주의를 기울이지 않는 다면 아이가 그것을 알아챈다는 것입니다.

그렇디면 우리는 무엇을 해야 할까요?

카드를 지금 끝까지 읽어 보세요.

온전한 경청의 열쇠는 마지막에 이탤릭체로 쓰인 내용입니다. 대화에 참여하면 아이는 당신이 얼마나 관심을 갖는지에 대해 상당히 인지할 수 있습니다. 당신 스스로도 자신이 아이를 얼마나 이해했는지 지속적으로 확인함으로써 아이에게 더 관여하고 있다고 실제로 느껴질 것입니다. 이 시점에 당신은 아이와의 관계에서 한층 새롭고 높은 수준으로 이동하게 될 것입니다.

28 온전한 경청

뭐라고 말했니?

아이의 말을 진심으로 귀 기울여 듣는 이유는 이해하기 위해서이며, 이는 다시 말해 그들의 세계에 최대한 깊이 들어가기 위함이고, 귀와 머리뿐만 아니라 마음으로 들으려는 것입니다.

적극적 경청은 타인의 말을 받아들이는 동안 평가, 판단, 비판, 해석, 자신의 대응에 대한 생각, 이 대화의 방향에 대한 숙고, 실생활에서는 다음에 볼 TV 프로그램에 관한 잡념, 혹은 다음 끼니의 반찬거리 등에 몰두하는 것이 아닙니다.

적극적 경청은 아이가 어떤 경로로 이야기를 하고 있는지, 지금 말을 하는 기분은 어떤지, 왜 그런 방식으로 말하는지, 그리고 지금 하고 있는 말이 아이와 아이의 삶에 어떤 의미를 갖는지 등을 이해하기 위해 들리는 모든 말에 온전히 집중하는 것입니다.

온전히 경청하고 이해하고 있다는 것을 나타내기 위해 다음 질문을 지속적으로 하세요.

"내가 이해하기로는 …데, 맞니?"

또는

"그러니까 네가 하는 말이 …라는 거지?"

솔로코칭

솔로코칭을 하고 싶나요? 최선의 방법은 일단 한번 시도해 보는 것입니다. 어떻게 시작해야 할까요? 일단 다루고 싶은 것이 무엇인지를 정하세요. 이렇게 하는 것은 시작하기 위한 주제나 상황을 간단히 생각해 낼 수 있기 때문입니다. 예를 들면, "나는 영례의 수학 숙제 정답률 향상에 도움을 주고 싶다."

카드의 세 번째, 네 번째 단락을 주의 깊게 읽어 보세요. 세 번째 단락은 당신이 원하는 것에 대한 내용이고, 네 번째 단락은 실제로 현재 일어나는 상황에 대한 내용입니다.

이제 여러 다양한 요소에 따라 그다음 부분은 특정 방식에 의해 더 잘 작용할 수 있다는 것을 알게 될 것입니다. 간혹 우리는 원하는 것보다 원하지 않는 것이 무엇인지 설명하기가 더 쉽습니다.

그렇다고 하더라도 두 부분의 비교는 더 큰 명확성을 이끌어 낼 것입니다. 따라서 이상의 세계에서 나는 영례가 수학 숙제를 쉽게 느끼길 바랍니다. 그러나 현실은 영례가 수학 숙제를 하기 싫어하고 시작하는 것조차 어려워한다는 것입니다.

이제 "내가 아무에게도 해답을 줄 필요가 없는 것들에 대해 나는 무얼 할 수 있을까?"로 시작하는 문단을 읽어 보세요. 이것은 당신의 자녀를 코칭하는 것이 아니라 솔로코칭이라는 점을 기억합니다. 이 질문에 대한 가능한 답은 다음과 같습니다.

- 아이를 위해 과외 선생님을 둘 수 있다.
- 아이의 옆에 앉아 함께 과제를 읽어 볼 수 있다.
- 담당 교사와 의논할 수 있다.

어떻게 해야 할지 생각하는 연습을 하면 할수록 더 쉬워질 거예요. 기간을 정하는 것이 중요합니다. 기간을 정하지 않으면 긍정적인 변화에 이르기가 어렵습니다.

이와 같이 부모로서의 솔로코칭 원칙은 자녀를 코칭할 때의 원칙과 동일합니다. 유일한 차이점은 삼인칭이었던 코칭의 대상이 일인칭이 된다는 것뿐입니다.

좀 더 자세히 살펴보면, "영례야, 어떻게 네 수학 과제를 도와줄까?" 라고 물었을 때 대답은 "더 잘 이해하도록 도와주세요."일 것입니다.

여기서부터 시작하여 생각, 선택 사항, 가능성을 공유해 보세요. 온화한 태도를 유지하고, 아이가 이끌어 갈 수 있도록 하며, 처음부터 완벽할 것이라는 기대는 하지 마세요. 연습이 필요합니다.

29 솔로코칭

어떻게 시작해야 할까요?

이러한 상황에서? 자기 자신에게 질문을 하면 도움이 될까요? 결국 나는 다른 사람에게 어려운 질문을 던지는 데 일가견이 있다!

"내가 정말 하고 싶은 일이 무엇일까?" 이제 제목을 정했습니다.

나의 이상적인 세계에서 "나는 무엇이 되고 싶고, 하고 싶고, 무엇을 가지고 싶은가?" 이제 나는 미래가 어떨지에 대한 아이디어가 생겼습니다. 사실 이 것은 내게 "성공했다는 것을 어떻게 알아챌 수 있을까? 나는 성공을 잴 수 있을까?"에 대한 답을 말해 줍니다.

"지금 일어나고 있는 일은 나에게 밝고 새로운 미래는 아직 오지 않았다고 이야기한다." 진실을 들을 수도 있습니다. 그리고 나 자신에게 거짓말을 할 이유도 없지 않나요?

"내가 아무에게도 해답을 줄 필요가 없는 것들에 대해 나는 무얼 할 수 있을까?" 결국 내가 생각한 수많은 아이디어를 유일하게 경청할 수 있는 사람은 바로 나 자신입니다.

어디론가 결론의 방향으로 나아가는 느낌입니다. 하지만 언제까지? "그렇다. 이 문제를 나는 정확하게 언제까지 정리하고 싶어 하는가?" 그렇다면 "어떤 첫 단계를 밟아야 하는가?"

이제 나는 나에게로의 여행을 시작하는 길 위에 있습니다.

코칭

다양한 코칭 스타일이 있는데 각각은 그 스타일만의 고유한 장점을 가지고 있습니다. 전문가든 초보자든 이 장을 통해 발견한 무언가를 적용할 수 있나요?

1._____
_____
2._____
_____
3._____
_____
4._____
_____

솔로코칭

이 지식을 알고 난 후 당신은 무엇을 다르게 할 수 있나요?

1._____
_____
2._____
_____
3._____
_____
4._____
_____

스트레스 조절

Optimising stress

우리 모두는 사소한 스트레스도 큰 스트레스만큼 해로우며, 한 사람의 후유증(trauma)이 다른 누군가를 초조하게 만들 수 있다는 것을 알고 있습니다. 이러한 이유로 우리의 삶에서 스트레스 조절에 관한 질문이 스트레스를 없애는 것에 관한 질문보다 더 많습니다.

또 다른 이슈는 우리의 에너지를 어떻게 사용하고 어디에 노력을 기울일지에 관한 것입니다.

많은 사람들은 무엇이든 성취하기 위해 하루에 열여덟 시간씩 일하며 모든 근육을 긴장시키고 무리하게 사용합니다. 열심히 일하는 것은 나쁘지 않지만 휴식이나 회복 없이 무작정 노력하는 것은 불필요하고 심지어 위험하기까지 합니다.

나이가 들수록 어린아이처럼 그 순간에 완전히 몰입하는 것과 같은 주의력은 과거나 미래에 일어날 일들을 걱정하는 데 더 집중하게 됩니다. 그러나 그 순간에 집중하는 것은 우리를 두려움으로부터 자유롭게 해 주고 성공이 시작되는 지점이 되지요.

무엇을 먹고 마실지 정하는 것은 또 다른 중요한 주제입니다. 우리는 대부분의 내용에 대해서 충돌하는 의견들을 듣지만 '음식과 기분'에 관해서는 확실한 진실이 있습니다.

우리는 모두 일어나고, 씻고, 먹고, 마시고, 배변하는 기본 생활 체계를 가지고 있습니다. 이 규율이 없는 삶은 불가능할 것입니다. 그렇다면 우리의 바쁜 삶 속에서 마음을 평온하게 하는 연습을 늘리거나 성공한 사람의 취미를 따라 하는 것, 가정의 피난처를 찾는 것, 개인의 정신적 오아시스를 찾아보는 것은 어떤가요?

얼마나 자주 우리는 자기 자신에게 나쁜 말을 하고, 아이들에게 우리의 후회를 이야기하나요? 만약 부정적인 말이 당신이나 다른 사람에게 얼마나 해로운지를 안다면 축복과 사랑의 말을 더 많이 사용하게 될 것입니다.

아마도 이 장은 마음의 소리를 듣는 데 좀 더 시간을 쓰고 머리의 소리를 듣는 데에는 시간을 덜 쓰라는 것으로 요약할 수 있을 것입니다. 다시 한 번 말하지만 아이들은 이런 일을 자연스럽게 하며, 자녀가 내면의 지혜를 되찾을 수 있도록 돕는 것은 우리가 어떻게 하느냐에 달려 있습니다.

휴식

  아이로 산다는 것, 당신의 아들과 딸은 아마도 엄청난 에너지를 가지고 있어 당신이 생각하는 '휴식' 과 자녀가 생각하는 휴식은 다를 것이라 생각됩니다. 당신이 아닌 자녀가 당신과 같이 휴식하길 배우는 것은 기대하기 어렵습니다.

  전통적인 휴식 방법은 확실히 잘못되지 않았습니다. 그러나 아마 아이들은 당신이 욕조에 있는 시간을 제외하고는 대부분의 시간 동안 당신을 쉬지 못하게 할 것입니다.

  자녀에게 당신은 휴식하는 것으로 보일까요, 아니면 긴장하고 있는 것처럼 보일까요?

> *"긴장되거나 화가 나거나 스트레스를 받는 상황에 처했을 때, 마치 긴장이 누그러진 사람처럼 일이 흘러가도록 내버려 두는 것을 어떻게 생각하니?"*
> *"네가 그렇게 이야기하는 건 엄마/아빠의 어떤 점을 알았을 때니?"*

만약 카드에 있는 가이드라인이 우리의 휴식에서 무엇이 문제인지 알 수 있게 해 주었다면, 왜 아직도 요가 학원에 다니지 않고 명상하는 법을 배우지 않나요?

당신의 자녀가 어떻게 쉬는지 며칠 동안 지켜본 후 이렇게 물어 보세요.

"너는 그러고 나면 일어날 때마다 상쾌하니?"
"약간 여유 있게 하루를 보내는 것은 너에게 얼마나 중요하지?"

자녀가 휴식을 취하는 모습이 아주 멋지지 않나요?

30 휴식

당신은 언제 진정한 휴식을 느끼나요?

TV를 보고, 와인을 마시고, 책을 읽고, 뜨거운 욕조에 몸을 담그는 것이 휴식인가요?

이렇게 한번 해 보세요. 우선 방해받고 싶지 않다면 혼자만의 시간을 만드세요. 방이 춥다면 따뜻한 옷을 입고 등을 평평한 곳에 대고 눕거나 앉습니다.

숨을 깊게 쉬는데 가슴을 부풀려서 숨을 들이마시고 내쉽니다. 들이마시는 숨은 맑고 부드럽고 깨끗한 공기라 생각하고, 내쉬는 숨은 긴장과 독소를 방출한다고 생각하세요. 발에서부터 몸 전체로 퍼져 나갑니다.

발을 긴장시켰다가 이완시키세요. 다리를 긴장시켰다가 이완시키세요.

정신적 휴식을 위해 당신이 좋아하는 장소에서 머무르세요.

긴장될 때 당신 자신에게 조용히 물어보세요.

"나의 휴식을 도와주는 내 부분아, 지금 나와 대화해 주겠니?"

당신의 감정에 주목하세요. 실제로 휴식하는 장소에서 부드러운 음악을 들으세요. 촛불이나 아로마향을 안전하게 켜세요.

약을 복용하는 것은 부작용이 있을 수도 있고 그 효과가 나타나기까지 시간이 걸립니다. 소진되거나 심각한 병의 신호가 오지 않도록 진정한 휴식을 취하려는 노력이 필요합니다. 휴식하는 것을 연습하고 그 효과가 커지는 것을 즐기세요. 당신의 건강이 좋아지고 삶이 만개할 것입니다.

오늘 당신의 자녀는 휴식하고 있나요?

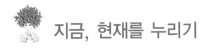

지금, 현재를 누리기

31번 카드는 현재로 돌아오는 것과 마음의 진정에 관한 것입니다. 당신의 자녀가 현재에 머무르고 긍정적 자기 대화를 계발시키며, 어떠한 자기 의심도 가지지 않는 것은 매우 도움이 될 것입니다.

자녀가 어떻게 현재에 머무르고 있는지 알아보세요. 무언가를 잘할 때나 못할 때 스스로에게 뭐라고 이야기하는지 살펴보세요.

먼저 자녀가 좋아하는 활동에 몰입하고 있는 모습을 찾아보세요.

"그것을 할 때 너는 무엇을 주목하고/듣고/느끼고/생각하니?"

그러고 나서,

"너는 어떤 일을 하면 자랑스럽고, 너 자신에게 뭐라고 말해 주니?"
"이전에 네가 무언가를 잘했던 좋은 시간을 떠올리면 다른 상황에서 무엇을 더 잘할 수 있을까?"

심사숙고하여 다음 질문에 답한 후 자녀에게도 물어보세요.

"우리가 어떻게 서로를 도와주면 지금, 여기에서 계속 행복할 수 있을까?"

31 지금, 현재 누리기

과거는 후회되고 미래는 걱정스러운가요?

나이가 들면서 우리가 의식적으로 지금 이 순간을 보내는 시간은 점점 줄어들게 됩니다. 어린 시절에 우리의 관심은 현재 무엇을 하고 있는지에 관한 것이었습니다. 우리는 아이들이 미래에 대해서 생각하길 바라고, 아이들은 현재에 대해서 생각하길 원합니다.

우리의 머리는 해결해야 할 문제들로 가득 차 있으며 몹시 우울한 미래에 관한 이야기로 넘쳐납니다. 만약 현실이 어렵다면 지나간 날들의 좋았던 기억을 떠올려 보세요.

자기 대화는 현재로부터 일어납니다. 우리는 과거나 미래가 아닌 현재에 치료받고, 좋아지고, 휴식을 갖고, 새로운 것을 창조해 냅니다. 우리는 진정한 자신을 찾을 수 있습니다. 우리는 인간 존재 그 자체이지, 인간적인 행위를 하는 인형이 아닙니다.

이것은 계획하고 목표를 향해 일하기 위해서 중요합니다. 과거는 여전히 많은 가르침을 주고, 미래의 중요한 목표에 초점을 맞추는 것은 우리를 나아가게 합니다. 과거와 현재, 그리고 미래에 대한 조화의 감각을 찾으세요. 만약 우리가 과거와 미래에 대해 시간을 90% 이상 쓴다면, 어느 날 아침 일어났을 때 우리의 삶이 어디로 가고 있는지를 깨닫고는 놀랄 것입니다. 심지어 당신의 묘비에는 이렇게 적혀 있을 것입니다.

"일을 좀 더 하길 원했는가?"

휴식과 같이 지금 현재에 집중하는 것 또한 연습을 필요로 합니다. 당신의 자녀가 지금 자기 자신을 잃어버리는 것을 보세요. 왜 그런 일이 일어나게 되었는지 물어보고 자신을 되찾을 수 있도록 격려해 주세요. 그들에게 참자아의 모습으로 현재를 누리는 삶의 모델이 되어 주세요. 당신은 얼마나 현재를 누리며 살고 있나요?

 음식과 분위기

  자녀에게 영양에 대해 가르치지 않는 한, 심지어 가르친 후에도 이에 관해서 갈등이 일어납니다. 어떤 음식이 자기 몸속으로 들어가고 이것이 몸에 어떤 영향을 끼치는지 아이들이 깨닫는 것만으로도 이 갈등은 충분히 해소될 수 있습니다. 자녀가 자신의 몸이 보내는 스트레스의 신호를 잘 알 수 있도록 가르쳐 주는 것은 큰 도움이 됩니다. 그러면 당신과 자녀 모두 음식에 관한 '잔소리'를 피할 수 있습니다.

  관련이 있다고 여기는 각각의 요점을 확인하세요.

"…를 먹거나 마신 직후 어떤 느낌이 드니?"
"…를 먹거나 마시고 15분 후에 어떤 느낌이 드니?"
"배우고 있을 때나, 이전에 네가 먹은 음식 중에 어떤 음식이 가장 도움이 되었지?"

  만약 자녀가 좋아하는 역할 모델 중 식생활이 바른 사람을 알고 있다면 다음과 같이 질문하세요.

"너의 영웅(스포츠/배우/가수)은 어떤 종류의 음식을 먹니?"

당신의 자녀가 자신의 내부 세계가 반영된 외부(스스로 만들어 낸) 세계를 발견할 수 있도록 허락하는 것은, 자녀의 삶에 스스로 권한을 부여하는 삶의 습관을 습득하는 인생의 길을 갈 수 있게 할 것입니다. 이렇게 된다면 방 정리를 말끔히 하는 것은 걱정할 필요도 없습니다!

32 음식과 분위기

웰빙을 위해 무엇을 더 먹나요?

우리는 모순된 정보가 가득한 세상에서 살고 있습니다. 한 사람의 건강에 위협이 되는 것이 다른 누군가를 살릴 수도 있습니다. 그러나 다음 정보는 확실한 사실입니다.

- 음식은 우리의 기분을 전환해 줍니다.
- 우리는 적게 먹음으로써 살을 뺄 수 있습니다.
- 운동은 몸에 좋습니다.
- 에너지가 떨어졌을 때 설탕은 힘을 줍니다.
- 흡연은 수명을 단축시키고 피부를 노화시킵니다.
- 대부분의 가공 식품에는 설탕이 들어 있습니다.
- 인공 조미료는 안전이 증명되지 않았습니다.
- 다이어트는 성공하기 어렵습니다.
- 레오나르도 다빈치는 채식주의자였습니다(아마도 대단한 천재들은 채식주의자일 것입니다).
- 음식 광고는 건강하지 않은 다이어트를 야기합니다.
- 우리는 날마다 6~8잔의 물이 필요합니다.

학교(직장)의 자동판매기에서 파는 음식은 설탕이나 지방이 가득합니다.

배움을 통해 많은 것을 알고 있더라도 좋지 않은 음식을 먹는다면 몸이 쉽게 상할 수 있습니다. 무엇을 먹느냐에 따라 공격성과 수동성이 높고 낮거나 100% '정상'이 될 것입니다.

 **일상의 규칙**

33번 카드를 확인하세요.

이 카드는 삶을 규칙적으로 조율하는 사람에 관한 이야기입니다. 이번 주제에 들어가기 전에 몇 가지 숙제를 해 보길 권합니다. 당신의 자녀가 숭배하는 사람을 찾아 대화 안으로 끌어들이세요. 만약 자녀의 역할 모델이 규칙적으로 살지 않는다면 아래와 같이 다른 접근을 시도해 보세요.

> *"네가 좋아하는 영웅과 비슷한 행동을 함으로써 얻을 수 있는 것은 무엇이니?"*

물론 내용 안의 '비슷한 행동은' 은 규칙적이고 잘 훈련된 것이어야 합니다.

> *"하루에 한 시간 정도를 명상, 기도, 혹은 네가 좋은 습관이라고 생각해서 선택한 무언가를 하고 있니?"*

한 가지 대안은 자녀를 당신이 매일 규칙적으로 하는 일과에 끌어들여 함께 시간을 보내는 것입니다.

> *"우리 모두에게 도움이 되고 매일 할 수 있는 일은 무엇이 있을까?"*

협력하세요!

33 일상의 규칙

외부의 혼돈은 내부의 혼돈을 반영할까요?

정리 안 한 방, 집, 차, 외모와 같은 불규칙한 것들은 내적 세계의 혼돈이 눈에 보이게 표현된 것입니다. 매일의 규칙적인 일상은 내적 규칙과 내면의 정돈을 촉진합니다.

집중력을 잃어버렸을 때, 우리의 마음은 안정적인 생각의 흐름에서 벗어납니다. 반면에 규칙적인 일상의 운동, 휴식, 기도나 명상은 내면의 고요와 조화를 촉진시킵니다.

성공한 사람들은 규칙적으로 생활합니다. 끊임없이 변화하는 세계 속에서 규칙은 실제로 우리의 즐거움이자 친구이고, 하나의 확실함입니다.

일반적으로 많은 사람들이 가지고 있는 규칙의 예는 다음과 같습니다.

- 서거나 앉아서 명상하기
- 달리기, 걷기, 자전거 타기
- 앉아 있거나 휴식하기

- 요가, 태극권, 노래(성가) 부르기
- 피트니스 운동
- 여러 가지 스포츠나 취미 시도해 보기

매일 5~15분을 활용해 보는 것은 어떨까요? (이 시간은 하루의 0.3~1%밖에 되지 않습니다) 이렇게 하면 자녀가 삶의 규칙을 가질 수 있도록 하는 좋은 본보기가 될 것입니다.

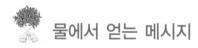 물에서 얻는 메시지

자녀가 물을 많이 마시도록 돕기 위해 34번 카드를 사용할 수 있습니다.

여기에서 당신이 배울 것은 자녀에게 상처가 되는 말을 멈추고, 자녀도 다른 사람들에게 그렇게 하는 것을 멈추는 것입니다.

이 책[21]은 자녀가 어떤 단어를 들었을 때의 느낌을 탐구하도록 하는 좋은 질문이나 생각을 담고 있습니다.

> *"만약 누군가가 너의 부정적인 부분에 대해 이야기한다면 너는 어떤 기분이 들까?"*
>
> *"너의 신체 중 어느 부분에서 그런 기분을 느끼니?"*
>
> *"너는 과거에 들은 것을 기억할 수 있어. 네 마음이 기억하는 것을 몸의 어떤 부분에도 저장할 수 있을까?"*

여기에 있는 메시지를 사용하여 모욕과 갈등에 대한 자녀의 반응을 확장하고 자녀가 더 많은 선택을 개발하도록 도울 수 있습니다.

> *"그런 사람들을 나쁜 이름으로 부르는 것 말고 무엇을 할 수 있을까?"*

---

21 Messages from Water, by Masuru Emoto, pub. HADO Kyoikusha Co. LTd.

34 물에서 얻는 메시지

당신은 어떤 기운을 내보내고 있나요?

우리 몸의 75%는 수분으로 이루어져 있습니다(두뇌는 80%가 넘습니다).

달과 행성들은 조수간만에 영향을 미칩니다. 이것은 물에 영향을 주고 우리에게도 영향을 줍니다.

음악과 소리는 우리의 감정(심리 상태)을 크게 변화시킬 수 있습니다. 우리는 이것을 잘 알고 있습니다.

연구들은 음악이 식물을 죽게 할 수도 있고, 빨리 또는 느리게 성장하거나 무성하게 할 수 있음을 증명했습니다. 실제로 일본에서 시행된 실험들은 놀라운 결과를 발견했습니다. 얼음이 녹기 바로 직전의 사진을 찍었습니다. 물속에 있는 아름다운 얼음 결정을 본 적이 있나요?

그 연구는 다양한 종류의 음악과 단어가 제시되었을 때 서로 다른 결정 형태의 물의 모습을 보여 줍니다. 물에게 불쾌한 단어를 들려주면 물은 곧 일그러지고 못생겨지며, 친절하고 사랑스러운 단어를 들려주면 반대의 상황이 일어납니다.

"막대기와 돌은 나의 뼈를 부술 수 있다. 그러나 좋은 말은 나를 해치지 못할 것이다."

불친절하고 불쾌한 단어로 인해 우리의 삶은 피폐해집니다.

오늘 하루 당신은 어떤 단어를 말했나요?

 ## 머리와 마음

35번 카드를 읽어 보세요.

어떤 사람들은 마음이 머리를 지배하도록 허용하는 것이 유혹과 자기 탐닉의 방법에 대해 항복하는 것이라고 믿습니다.

만약 당신의 자녀가 자기 마음의 소리를 듣는 능력을 발견한다면, 당신은 자녀가 '잘못된' 사람을 믿고 인생에서 '잘못된' 방향을 따르며 '잘못된' 일을 행할 것이라는 염려를 덜 할 수 있을 것입니다.

이상적으로 당신의 자녀는 두뇌 활동―생각, 계획, 논리, 분석―도 잘하고 마음의 활동―창조, 꿈꾸기, 춤, 표현―도 잘할 것입니다.

> "두 가지 중 하나를 선택해야 하는 상황에서 어떤 도움이 있으면 네가 올바른 선택을 할 수 있을까?"
> "네가 올바른 선택을 했다는 것을 어떻게 알 수 있을까?"

자녀의 대답을 듣고 당신은 이렇게 말하세요.

"우리가 옳다고 느끼는 것을 행하는 것과 사물을 꿰뚫어 보는 것은 중요하단다. '네 마음의 소리를 듣는 것'은 지금 네가 더 나은 선택을 할 수 있도록 도와주니?"

만약 우리의 운명이 우리가 꿈꿔 왔던 사람이 되는 것이라면 경계를 포함하여 현실을 알게 하면서 꿈을 꿀 수 있도록 격려해 주세요.

"너는 어떻게 네 마음과 머리의 소리를 듣니?"

35 머리와 마음

당신이 가장 잘할 수 있게 돕는 것은 머리인가요, 마음인가요?

세상에서 가장 어려운 여행은 '머리부터 가슴까지' 라고 합니다.

마음(그리고 다른 기관들)은 신경전달물질을 가지고 있어서 메시지를 보내기도 하고 받기도 한다는 것이 연구를 통해 밝혀졌습니다.

당신의 마음(어떤 것을 무관심하게 하는 것이 아닌 당신의 내면 의식)이 무언가를 말할 때, 한편으로 당신의 머리는 무엇을 하나요?

우리의 머리는 결정을 하고, 우리의 마음은 선택을 합니다.

우리의 교육 시스템은 좌뇌, 즉 머리로 생각하기와 관련되어 있습니다.

미술, 음악, 춤에 재능을 갖고 태어난 '난독증' 아동은 현재 상태에서는 행복할지라도 지식과 회상을 테스트하는 TV 퀴즈에서는 지게 됩니다.

그것은 머리와 마음의 문제가 아니라 그 둘의 통합에 관한 문제입니다. '성공' 이란 테스트나 시험을 수행하는 데서 더 나타나는 것입니다. 그러니 머리와 마음에 대해 관심을 기울이세요.

결정은 우리를 묶어 주고, 선택은 우리를 자유롭게 할 수 있습니다. 자녀가 결정하고 선택하는 것을 도와주세요. 선택이란 순간적인 삶의 결과이며, 우리마음의 소리를 듣는 것입니다.

자녀가 자신의 경계를 세우도록 도와주세요. 그것은 결국 자녀가 부모인 당신을 넘어설 수 있도록 돕는 것입니다.

 마무리

스트레스란 시각형 학습자에게는 관점에 관한 질문이 될 수 있고, 청각형 학습자에게는 올바른 지침을 이야기 하는 것이며, 체각형 학습자에게는 떨림으로 느껴질 것입니다.

"유익이 되도록 어떻게 스트레스를 이용할 수 있니?"
"너는 어떻게 '침착하게' 대처하니? 또는 어떻게 '말로' 네가 받은 스트레스 수준을 조절할 수 있니?"
"어떻게 하면 친구가 스트레스를 덜 받도록 도와줄 수 있을까?"

스트레스 수준을 조절할 수 있는 삶의 방식을 선택하세요.
설마 당신의 자녀가 긴장을 모방하기를 바라지는 않겠지요?

스트레스 조절하기

스트레스는 현대 사회에 등장한 용어입니다. 스트레스는 당신에게 어떤 의미이며, 구체적으로 어떤 스트레스가 당신을 지치게 하나요?

1. _____
   _____
2. _____
   _____
3. _____
   _____
4. _____
   _____

솔로코칭

이 지식을 알고 난 후 당신은 무엇을 다르게 할 수 있나요?

1. _____
   _____
2. _____
   _____
3. _____
   _____
4. _____
   _____

CHAPTER **10**

조커

Jokers

크리스의 이야기를 읽어 보세요(36번 카드).

그것은 당신의 마음에 어떤 울림을 남겼나요? 감동을 받았나요?

당신은 자녀가 자기 자신을 사랑한다는 것에 대해 얼마나 많이 생각하나요? 만약 당신이 아이에게 묻는다면 아이는 어떤 말을 할까요?

우리가 자신에 대해 느끼는 것보다 다른 누군가에게 감정을 더 많이 표현할 수 없다고 말하는 학자도 있습니다. 예를 들어, 자신이 가진 진정한 자신감을 느끼지 못하고 늘 다른 사람에게 끌려 다니는 사람에 대해 들어 본 적이 있나요?

의미 있는 예로 마더 테레사를 생각해 보세요. 그녀는 신에 대한 사랑이 모든 것이라고 알고 있었으며, 만나는 모든 사람을 관대하게

36 크리스의 이야기

은퇴한 산파인 크리스는 그녀 자신의 욕구를 무시하며 자신에게 상처를 내고 있습니다. 그녀는 인생에 대해 아무런 열정도 없는 창백한 얼굴로 도움을 요청하러 어색하게 걸어 들어왔습니다.

나는 직접적으로 물었지요.

"당신 자신을 사랑하는지 묻는다면 당신은 뭐라고 말할 수 있나요?"

"내 자신을 사랑한다고요? 내 직업은 나를 찾아온 엄마들과 아이들을 사랑하는 거였어요. 나 자신을 사랑한다고요? 그건 웃음거리밖에 안 돼요."

몇 주 후 자신이 (권투 선수 무하마드 알리처럼) 파킨슨병임을 알게 된 크리스는 자신의 모든 에너지를 자기 자신에게 바칠 때까지 그 누구도 도울 수 없음을 깨달았습니다.

의학적·치료적 도움을 받고 나서 몇 달이 지난 다음 크리스는 치유에 대해 배웠고, 체육관에 다시 나가기 시작했으며, 배움에 대해 지칠 줄 모르는 갈증을 갖게 되었습니다.

그녀는 아주 가끔 치료를 위해 찾아오는데 최근의 그녀를 보면 그 변화를 믿을 수 없습니다. 긍정적으로 성장하고 있으며, 2년 전 껍데기 안에서 허우적거리던 사람이 아닙니다. 파킨슨병이 진행되고 있지만, 크리스는 "좋은 날도 있고 안 그런 날도 있어요. 그렇지만 누구나 다 그런 거 아닌가요? 나는 내 삶을 되돌리고 있어요."라고 말합니다.

자기 자신을 사랑하는 것을 배우는 것은 모든 것에 대한 가장 큰 사랑입니다.

대할 수 있었습니다. 그녀의 신실함에 대해 어느 누구도 의심하지 않았습니다.

그러면 이제 자기 존중과 자기 이미지에 관한 모든 초기의 생각으로 돌아가 보세요. 당신 자신만 생각해 보세요. 바로 오늘 매우 자신만만할 것이라고 결심하세요. 그러고 나서 그러한 생각이 당신을 둘러싼 다른 것에 긍정적인 방식으로 어떻게 영향을 미치는지 주목하세요.

당신이 나쁜 분위기에서 깨어나고 있는지, 이것이 당신 주변의 사람들에게 영향을 미치는지에 대해 스스로 주목하세요.

자녀에게 물어보세요.

"너는 너 자신을 사랑하니?"

만약 자녀가 아니라고 대답한다면 다음의 두 가지 질문을 하세요.

"만약 네가 너 자신을 사랑했다면 어떻게 되었을까?"
"뭐가 달라졌을까?"

당신은 긍정적인 반응에 주목하게 될 것입니다. 이제 다음과 같이 제안해 보세요.

"네가 너 자신을 진실로 사랑하는 것처럼 행동한다면 오늘 하루 동안 어떤 재미있는 일이 일어날까?"

하루를 마무리할 때 아이가 다음 날, 또 그다음 날에도 시도해 보도록 제안하세요.

 아픔의 기쁨

37번 카드를 읽어 보세요.

오늘은 기분이 어떤가요? 감사하는 마음이 드나요? 그리 나쁘진 않은가요? 그리 좋지도 않은가요? 우리는 어떤 형식으로 표현되더라고 누군가 자기에게 감사를 표현하는 것을 좋아합니다.

성숙한 인간으로 성장해 가는 가장 큰 행동이 다른 사람들에게 좋은 인정을 받는 것과 상관없이 온전히 자신의 삶을 사는 것임을 알게 되니 놀랍지 않나요? 여기에 관심이 생기나요? 바로 하루 동안 시도해 보세요. 다른 사람들의 관심 없이 하고 싶은 것을 하며 하루를 지내 보세요. 이는 당신이 이제껏 해 보지 못한, 가장 힘을 주는 경험입니다.

이것은 당신의 자녀를 인정해 주는 것과 연관됩니다. 자녀를 사랑한다면 자녀가 병에 걸려 직업을 갖지 못할 수도 있다는 것을 알게 하세요. 그들은 자신이 될 수 있는 최상의 것이 되기 위한 목표를 가질 것입니다.

진정한 당신은 누구입니까? 다른 사람들에게 표현할 때 어떤 특정한 방식으로 행동하고 말하는 자기 자신을 발견한 적이 있습니까? 만약 그렇다면 당신은 평범한 우리와 비슷합니다. 그러나 이 시점에서 가장 중요한 것은, 우리가 결점을 포함하여 자신에 대한 모든 것을 받아들이는 방법을 배울 수 있다는 점입니다.

37 아픔의 기쁨

의사는 아픈 아이의 건강 상태를 확인하기 위해 정신과 의사에게 도움을 청하고 그 둘은 큰 자극 없이 아이가 건강해 지도록 돕습니다. 니록은 병을 치료하는 알약이 들어 있는 병, 목 보조기, 복발, 전동 휠체어 '세트(kit)' 입니다. 아픈 아이들은 '니록(Kneelock)' 을 통해 아픔에서 벗어나는 일련의 과정을 경험하게 됩니다. 질병은 아이들의 몸과 마음에 영향을 주고, 항상 긍정적이지 않을 수도 있는 타인의 연민과 주의를 끌게 됩니다.

이러한 것들은 그들의 성공적인 회복을 도울 수 있습니다. 그러나 각각의 일(다양한 역할)을 수행해야 할 경우, 당신은 그들이 게으르다고 생각할 수 있습니다.

아픈 아이들은 엄마 또는 아빠의 기쁨을 통해 배웁니다. 이 아이들은 포카리스웨트, 따뜻한 침대, 그리고 잠시 동안이라도 다른 '상태' 에 있는 것을 좋아합니다.

우리 대부분은 어른의 압박으로부터 자유롭고 버릇없이 양육된 것의 병리적 현상과 연관되어 있습니다.

때로는 우리를 안달하게 만들거나 주의를 온통 여기에만 집중해야 함에도 불구하고 대부분의 사람들은 건강하기를 바랍니다.

아픔의 경험을 통해 성장하는 사람들이 처음에 한 '잘못된' 선택을 어떻게 관리하는지 궁금하지 않나요?

 당신의 참자아

38번 카드를 읽어 보세요.

지금 당신의 아이에게 물어보세요.

"네가 시도하려고 했던 일과 너에게 깊은 인상을 준 것에 대해 친구들에게 이야기해 본 적이 있니?"
"너는 시도해 본 적이 있니?"

만약 자녀가 당신에게 행한 어떤 행동을 받아들일 수 없거나 받아들이지 않았다면, 이것은 진실된 자신을 발견하고 수용하는 것을 배우는 데 좋은 시작이 될 것입니다.

38 조이의 이야기

미들랜즈의 14세 사내아이들을 위한 프로그램의 마지막에, 나는 내 삶에 변화를 준 무언가를 들었습니다. 그 프로그램은 두 도시의 학교에서 거의 통제할 수 없는 어린 남자 아이들을 찾아 행동의 변화를 시도하고 미래를 제시했습니다.

소년들과 달리 애를 먹는 선생님들, 동료와 나에게는 편안한 의자, 언제든지 이용할 수 있는 따뜻한 음료, 흥미로운 운동이 화려하게 주변을 장식했습니다. '말 안 듣는 소년들'은 매우 도전적이었습니다.

조용한 사내아이 중 하나인 조이는 그를 싫어하는 아저씨와 살았고, 거의 말을 하지 않았습니다. 가정에서 어느 누구도 조이를 감싸 주지 않았습니다. 조이는 친구들을 좋아하고, 유행이 지난 옷을 입었습니다. 조이는 또한 번뜩이는 재치와 건조한 유머를 가졌습니다. 검사로 측정하지 않고도 높이 평가되는 상당한 지능의 조이는 나를 아주 흥미롭게 여겼습니다.

우리는 아이들에게 설문지를 나누어 주고 삶에서 원하는 것이 무엇인지 물었습니다. 대부분의 아이들은 '축구 선수, 컴퓨터로 일하는 것' 등의 일반적인 답변을 적었고, 나는 이것들이 따뜻한 소재라고 생각했습니다.

나는 조이에게 무언가 다른 것이 쓰여 있는 듯한 그의 종이를 보여 줄 수 있는지 물었습니다. 조이는 당황스러워하는 기색 없이 자신의 글을 읽었습니다.

"나는 나의 참자아(true self)를 찾기를 원합니다."

 **역할 모델**

39번 카드를 읽어 보세요.

> • 역할 모델이 무슨 의미인지 아나요?
> • 당신은 자라면서 인생의 역할 모델로 삼았던 사람이 있었나요?

조금 뒤늦은 감이 있지만, 아마도 당신은 지금 누군가가 실제 당신의 역할 모델이었다는 것을 깨달았을 것입니다.

> • 만약 그렇다면 당신은 자녀에게 어떤 영향을 줄 수 있나요?
> • 아이는 당신과 어떻게 연결되어 있나요?
> • 당신의 행동, 태도, 믿음, 아이가 세상을 인식하는 데 영향을 주는 것은요?
> • 성년기는?
> • 진실이 뒤바뀐 적은 없나요?
> • 자녀가 어떻게 행동하는지에 기초해 당신의 행동을 수정하나요?

아주 강력한 방법이지요?

39 새미의 이야기

검은색과 흰색 털의 사랑스러운 고양이 새미는 특별한 축복의 선물이었습니다. 예기치 않은 새미의 죽음 뒤에 우리 집에서 새미의 존재가 분명해졌습니다.

항상 야옹거리고, 당신이 문을 열고 들어오면 친근하게 발을 비비며 환영해 주는, 당신을 무조건적으로 사랑하는 생명이 존재한다는 것은 얼마나 가치가 있을까요? 동물을 사랑하세요. 모든 상황이 좋지 않을 때, 동물들은 곧 그것을 느끼고 당신에게 더 많은 관심을 표하지요.

우리의 친구들, 아이들, 동료들에게 우리가 가장 가치 있다고 생각하는 것은 무엇일까요? 정직함, 충실함, 친절함, 세심함, 믿음직함, 긍휼함, 장난스러움, 삶을 즐기는 것?

우리 집에 처음 왔을 때, 새미는 우리 집에 있는 다른 고양이들 중 하나를 싫어했습니다. 새미를 데려온 것이 잘못은 아닐까 걱정스러웠습니다.

그러나 오래지 않아 새미는 본모습은 드러내기 시작했습니다. 새미는 우리 집에 오는 모든 사람들에게 친구가 되어 주었습니다. 심지어 우리가 좋아하지 않는 사람에게도요.

우리 부부는 새미의 행동이 우리에게 행동 모델이 되어 주었다고 생각합니다. 그러나 우리가 새미에게 행동 모델이 되었는지는 잘 모르겠습니다.

 **나쁘지 않아요**

40번 카드를 읽어 보세요.

20번 카드에서 나온 질문이었던 '그 밖에(why else)?' 를 기억하나요?

- 당신의 인생을 위한 목적이 있거나, 또는 당신이 정말로 매일 실수를 한다고 믿나요?
- 당신은 아이가 무엇을 믿는다고 생각하나요?
- 당신은 어떻게 알 수 있나요?
- 당신은 아이에게 물어본 적이 있나요? 왜 그렇지 않은가요?

카드를 또다시 읽어 보세요.

만약 당신 삶의 목적이 무엇인지 생각한다면, 당신이 목적을 성취하는 방향으로 나아가도록 오늘 해야 할 일이 몇 가지나 되는지 지금 고려해 보세요.

- 당신은 목적을 성취하기 위해 전혀 아무것도 없이 얼마나 많은 시간과 에너지를 쓰고 있나요?
- 만약 당신의 목적이 무엇인지 일찍이 정확히 알았다면 어떻게 해야 할까요?
- 당신이 다르게 했다면 어떻게 해야 할까요?
- 당신이 계속한다면 어떻게 해야 할까요?
- 아이와 함께 이 대화를 어떻게 나누어야 할까요?
- 만약 이것이 당신과 어떤 감정을 공격하면 당신은 부모로서 아이와 함께 가능한 한 빨리 이것을 나누어야 할까요?

아이가 무엇을 생각하고 말하는지, 그리고 매우 중요한 모든 것을 알기 위해 아이를 도우세요.

40 당신 삶의 목적

YOUR LIFE PURPOSE

당신 삶의 목적은 무엇인가요?

무엇이 그 목적을 만들었으며, 눈에 보이지 않는 어떤 힘 또는 존재, 당신을 위해 이것을 결정했나요? 자라서 무엇이 될지 키우는 방법이 자세히 적혀 있는 완벽한 상태로 왔나요? 내 친구 정훈이와 나는 매우 비슷한 경험을 가졌습니다.

우리는 뇌가 느리고 멍해지게 바꾸고, 통로 주위에서 방향을 잃고 헤매고 있으며, 다른 사람들도 당신과 같아지게 하려고 악담을 합니다.

내 아내는 옛 친구를 만났습니다. 아내는 그녀를 20년 동안 만난 적이 없었습니다. 아내는 밝게 물었습니다. "어떻게 지냈니?" 옛 친구는 피곤하게 천천히, 그리고 우울하게 대답했습니다. "잘 지냈어, 하지만 나는 여전히 여기에 있어"

정훈이는 서로의 건강을 묻는 두 사람을 보았습니다.

그가 우연히 들은 말은 "잘 있었어, 나는 아직도 살아 있어." 였습니다.

그래서 어떻게 지냈냐고 물었을 때, 그녀는 다음과 같이 대답했습니다.

"나쁘지 않아." 또는 "이보다 좋을 수 없어."

당신 삶의 목적에 대해 잠시 생각해 보세요.

만약 당신의 아이가 기쁨보다는 체념하는 태도를 보인다면 당신은 어떤 메시지를 보낼 수 있을까요?

우울하거나 또는 보이지 않는 압력이 있을지라도 당신은 할 수 있는 한 좀 더 "나쁘지 않아." 라고 말할 수 있나요?

 같은 길

41번 카드[22]를 읽어 보세요.

- 당신은 이 이야기가 무엇에 관한 것이라고 생각하나요?
- 당신이 당신의 삶을 살고 있는 것과 이것은 어떻게 관련되나요?
- 지금 당신이 이 이야기를 다르게 이해한다면 무엇을 해야 할까요?
- 아이에게 원리를 설명하려면 어떻게 해야 할까요?
- 원리로 돌아가 설명하기 위해 아이에게 묻는다면 어떻게 해야 할까요?
- 그것에 관해 좋게 하기 위해 무엇을 해야 할까요?

---

22 「다섯 장의 짧은 자서전(Autobiography in Five Short Chapters)」의 저자 포티아 넬슨(Portia Nelson)에게 감사의 인사를 전합니다.

41 다섯 장의 짧은 자서전

1장 : 나는 길을 걷고 있습니다. 도로에 깊은 구덩이가 있습니다. 나는 빠졌습니다. 나는 잃었습니다. 나는 의지할 데가 없었습니다. 내 실수가 아니었습니다. 방법을 찾는 데 긴 시간이 걸렸습니다.

2장 : 나는 같은 길을 걸었습니다. 도로에 깊은 구덩이가 있습니다. 나는 구덩이를 주의 깊게 보지 않았습니다. 나는 다시 빠졌습니다. 나는 내가 같은 곳에 있다는 것을 믿을 수 없었습니다. 그러나 내 실수가 아니었습니다. 구덩이에서 나오려면 아직도 오랜 시간이 걸립니다.

3장 : 나는 같은 길을 걸었습니다. 도로에 깊은 구덩이가 있습니다. 나는 구덩이가 있는 것을 보았습니다. 그런데도 나는 빠졌습니다. 내 실수입니다. 그러나 나는 곧바로 빠져나왔습니다.

4장 : 나는 같은 길을 걸었습니다. 도로에 깊은 구덩이가 있습니다. 나는 그 주위로 걷습니다.

5장 : 나는 다른 길을 걷습니다.

어떤 느낌이 드나요?

우리 자녀가 이런 과정을 거치게 된다면 어떤 느낌이 들까요?

 당신 안에 있는 것

42번 카드를 읽어 보세요.

- 심오한 이 이야기에는 무슨 메시지가 담겨 있을까요?
- 이야기에서 탐욕스러운 부분은 무엇일까요?
- 어떻게 돌이 귀중한 것과 관련될까요?
- 당신에게 꾸준히 가치가 있는 것은 무엇일까요?
- 돌 위에 자리한 지혜로운 여인의 가치는 무엇일까요?
- 이야기의 특징은 부러움일까요?
- 만약 그렇다면, 정확하게 무엇이 부러운 존재일까요?
- 당신은 삶에서 당신 것이 아닌 무언가를 원한 적이 있나요?
- 이것이 당신에게 그렇게 할 수 없도록 돕는다면 어떻게 해야 할까요?

이 카드를 통해 당신이 배운 것을 자녀에게 지금 말해야 한다면 어떤 이야기를 해 줄 수 있을까요?

42 지혜로운 여인의 보석

산에서 여행하고 있던 지혜로운 할머니가 시냇가에서 특별한 돌을 발견했습니다.

다음 날 그녀는 지치고 배고픈 다른 여행자를 만났고, 지혜로운 할머니는 자신의 음식을 나누어 주려고 가방을 열었습니다.

배고픈 여행자는 가방 안의 귀중한 돌을 보았습니다. 그는 할머니에게 귀중한 돌을 달라고 했습니다. 할머니는 망설임 없이 돌을 주었습니다. 여행자는 그런 행운에 기뻐하며 떠났습니다.

여행자는 그 돌이 평생 동안 지켜 주기 때문에 귀중하다는 것을 알고 있었습니다. 그러나 며칠 후 그는 지혜로운 할머니에게 돌을 돌려주기 위해 돌아왔습니다.

"나는 생각했어요. 나는 귀중한 돌이 얼마나 가치 있는지 알아요. 그러나 당신이 나에게 더 귀중한 무언가를 줄 수 있다는 희망에서 이 돌을 돌려 드립니다."

그가 말했습니다.

"당신이 내게 귀중한 돌을 줄 수 있도록 한 당신 안에 있는 것을 제게 주세요."

 ## 당신은 실패할 수 없다

성공, 이 단어는 굉장합니다. 또한 흥미진진합니다. 만약 내가 "당신의 가장 큰 성공은 무엇이었나요?"라고 묻는다면 당신은 아마도 주어진 짧은 시간 동안 몇 가지를 생각할 것입니다.

카드를 읽은 후에 당신의 아이에게 엄마가 자녀에게 영향을 미칠 수 있는 유혹에 저항할 수 있는지를 질문해 보세요.

성공의 개념은 다른 많은 것들과 관련됩니다. 아마도 아이에게 몇 가지 추가적인 질문을 하게 될 것입니다.

> "너는 어떤 사람이 성공한 사람이라고 생각하니?"
> "그 사람들이 성공할 수 있도록 한 것은 무엇인 것 같니?"
> "그 사람들의 성공을 가능하게 한 이유와 결국 성공한 것에 대해 어떻게 생각하지?"

이는 다른 카드들에서 배운 여러 가지 생각을 포괄적으로 인식할 수 있는 큰 기회입니다.

목적을 갖는다는 것은 실패를 인식하고, 자신이 오늘 어디에 있는지 그리고 미래에 어디에 있기를 원하는지 아는 것입니다.

아마도 그 무엇보다 중요한 것은 이 말을 정말로 이해하게 되는 것이겠지요.

"실패는 없다. 다만 피드백이 있을 뿐이다."

"만약 실패하지 않을 것을 알았다면 너는 어떻게 했을까?"

당신의 아이에게 물어보세요. 흥미로운 대답을 몇 가지 준비하세요.

SUCCESS

43 성공

도시 아이들의 내적 자신감을 증진시키기 위한 '천재 되어보기(Modelling Genius)' 과정의 첫날이었습니다. 걱정을 하거나 들뜬 상태의 어린아이들 22명은 많은 사람들 중에서 특별하게 선택되었다고 느꼈습니다.

일반적인 학교 활동이 거의 1,000일 동안 지속되었습니다. 아이들은 자신의 생활 주변을 바꿀 수 있는 중요한 나흘을 보냈습니다.

우리가 첫 번째로 질문한 것은 이렇습니다.

"자기가 자랑으로 여기는, 성공이라고 느끼게 한 것을 말해 보세요."

아이들이 친구들보다 더 똑똑한 척하고 싶어 하지 않았기 때문에 오랜 침묵이 흐른 후, 우리는 아이들에게 말할 수 없는 것을 글로 쓰라고 했습니다.

독려하고 설득한 30분 후, 아이들이 생각을 조금씩 드러냈습니다. 그것은 수줍음이 아니었습니다. 그들은 성공과 긍지가 의미하는 바를 전혀 몰랐습니다. 우리는 충격을 받았습니다. 이것은 도전이었습니다! 그래서 우리는 잦은 성공의 기회를 계속 주기로 했습니다.

그 과정의 마지막 날에 접어들어 아이들은 성공이란 멋진 그림을 그리는 것, 악기를 연주하는 것, 가족을 돌보는 것, 학교 밖의 경쟁에서 이기는 것, 동물을 기르는 것, 금연하는 것, 이전에 미워했던 선생님과 사이좋게 지내는 것, 새로운 기술과 지식을 배우는 것 등임을 깨달았습니다.

오늘 당신의 아이는 무엇을 이루어 냈나요?

내일

　잠시 쉬는 동안, 그리고 이번에는 다음 쪽의 카드를 읽기 전에 아래를 모두 읽으세요.

　당신은 이제까지 정확하게 알았던 올바른 일을 하고 정확한 일을 말한 경험을 가지고 있습니다. 그러나 그것이 잘 진행되지 않아서 당신이 달리 무엇인가를 했던 경험이 있나요? 그것은 모든 것을 올바르게 하고 케이크를 조금 떨어뜨리는 조리법이 있는 것과 같습니다.

　코칭에서 가장 중요한 것들 중의 하나는 앞으로의 기대 분위기를 만드는 것입니다. 다음과 같이 간단히 말하는 것입니다.

・ *내일에 대해 당신이 가장 기대하는 것은 무엇인가요?*

　우선 필요한 것들은 다음과 같습니다.

・당신은 무언가를 기대하고 있습니다.
・당신은 한 개 이상을 기대하고 있습니다.
・미래는 참으로 긍정적일 것입니다.

당신이 무언가를 생각하지 못했을지라도 이 문장은 당신이 앞으로 할 수 있고 무언가가 될 수 있다는 사실에 초점이 맞춰져 있습니다. 그렇기 때문에 매우 강력한 문장입니다. 카드를 즐겨 보세요.

44 금미의 이야기

한 고객은 자기 딸이 긍정적으로 다음 날을 기대하도록 준비하는 것을 돕기 위해 몇몇 코칭 아이디어를 따르기로 결정했습니다. 그의 말에 따르면…

1일

아빠 : "오늘 네가 가장 즐거웠던 일은 뭐니?"

금미 : "확실치는 않지만 내가 가장 마지막에 즐거웠던 것을 말할까요?"

아빠 : "좋아."

금미 : "작은 전기자동차와 부딪혔는데 내 머리를 세게 부딪혔고, 또 불꽃이 너무 시끄러웠어요."

아빠 : "네가 내일 가장 기대하는 것은 뭐지?"

이것은 큰 미소를 짓게 하고 다음 날의 계획(아침에 테니스 수업을 듣고, 점심은 TGI 레스토랑에 가고, 친구 조지를 데려오고, 다시 테니스를 치러 가기와 같은) 목록을 만들어 줍니다. 딸이 행복하게 잠을 자고, 생활에 만족하게 합니다.

2일

아빠 : "오늘 네가 가장 즐거웠던 일은 뭐니?"

금미 : "아빠는 왜 항상 그걸 물어보세요?"

아빠 : "앞으로 네가 가장 기대하는 것은 뭐지?"

금미 : (소리 지르며) "나는 아빠가 이렇게 묻지 않았으면 좋겠어요!"

3일

아빠 : "오늘 네가 가장 즐거웠던 일은 뭐니?" (딸이 아빠에게 고함을 지릅니다.)

아빠 : "앞으로 네가 가장 기대하는 것은 뭐지?"

금미 : "만약 다시 물어보면 아빠를 때릴 거예요!"

4일

나는 고함과 거친 타격을 불러일으키는 아빠의 질문이 다가옴을 느낄 수 있었습니다.

"오늘 네가 가장 즐거웠던 일은 뭐니?"

딸이 아빠에게 습관적인 고함을 질렀습니다. 그리고 두드러지지 않게, 부드럽게 쥐어박았습니다!

옮긴이의 노트 : 만약 당신이라면 이렇게 할 수 있을까요?

45번 카드를 읽어 보세요.

당신은 무엇을 배웠습니까?

몇몇 아이들은 낱말들이 뒤죽박죽으로 보이는 난독증 때문에 독서와 쓰기를 배우기가 어렵습니다. 난독증은 아이가 읽은 것을 기억하면서 다시 읽기를 어렵게 합니다.

난독증은 지능과 관련된 것이 아닙니다. 실제로 매우 똑똑한 사람들도 난독증을 가지고 있었는데 앨버트 아인슈타인도 그중 하나입니다.

문제는 두뇌에서 발생합니다. 때때로 두뇌가 보내는 메시지가 뒤죽박죽이 되거나 혼란을 줍니다. 난독증이 있는 아이는 혼란 등을 겪게 되고, 학교 수업을 하는 데 어려움을 겪습니다. 희소식은 난독증이 있는 아이를 억제할 필요가 없다는 것입니다.

- 어떻게 하나의 사례가 다른 것을 강화할 수 있나요?
- 샘이 자부심을 되찾거나 얻기 위하여 시작한 일들이 어떤 결과를 가져왔나요?
- 주제의 중요성은 당신에게 무엇을 시사해 주나요?
- 이 사례에서 배운 것을 토대로 자녀에게 어떤 질문을 할 수 있을까요?

당신의 자녀보다 더 못하는 것처럼 보이는 다른 아이의 사례를 자녀에게 들려주고 어떤 인상을 받았는지 질문해 보세요.

45 종욱이의 이야기

나의 초기 고객들 중에는 학교에서 폭력적인 두 소년이 있었습니다. 그들은 난독증이 있었기 때문에 폭력적이었고, 그래서 그들은 달랐습니다. 그들의 양쪽 부모도 난독증이었습니다.

그들의 아버지는 직장에서 심하게 다쳤다가 회복 중이었습니다. 사고 보상을 위해 숨은 법적 내용을 찾아내는 것은 누구라도 어려울 것입니다. 너무도 많은 증명을 요구하는 일이어서 그 가족은 많은 손해를 보았습니다.

두 소년은 멋진 아이들이었습니다. 한 아이는 음악가적인 재능을 지녔고, 다른 아이는 숙련된 예술성을 지녔습니다.

열 살인 종욱이는 자기 미래에 대해 확신하지 못했습니다. 그에게 세상은 아빠의 오래된 집이 전부였습니다.

나는 종욱이의 신뢰를 얻었고, 그 후에 우리는 전략을 세워 철자를 공부했습니다.

처음에 종욱이는 철자를 전혀 말할 수 없었으나 두 회기 후에 그는 사전에 있는 모든 낱말의 철자를 말할 수 있었습니다. 놀라웠습니다. 그의 자신감은 눈에 띄게 성장했습니다. 더욱이 자부심이 알맞게 뒤따라 생겨났습니다. 종욱이는 다시 배우고 싶어 했습니다.

마지막 회기 후에 종욱이에게 장래 희망이 무엇인지 물었습니다. 그는 바다 생물학자라고 말했습니다. 우리는 몇 년 뒤 종욱이 열네 살이 되었을 때 만났습니다. 종욱이는 나보다 키가 더 크고 멋있었습니다. 나는 그에게서 폭력적인 성향이 사라졌다는 것을 느낄 수 있었습니다.

---

* 옮긴이의 노트 : 특별한 경우 치료에서도 코칭 접근이 가능합니다.

✱ Exercise Eight

조커

다른 많은 것들에 대해서 그리고 특별하게 우리 자신에 대해서 이야기해 보세요. 당신에게 남아 있는 '조커' 같은 것은 무엇인가요?

1. _____
   _____

2. _____
   _____

3. _____
   _____

4. _____
   _____

솔로코칭

이 지식을 알고 난 후 당신은 무엇을 다르게 할 수 있나요?

1. _____
   _____

2. _____
   _____

3. _____
   _____

4. _____
   _____

사례 연구

Case studies

 학습

　이 실습은 코칭을 성공적으로 할 수 있는 방법에 대한 두 가지 사례에 대한 것입니다. 두 사례의 관심사는 학습과 자신감입니다.

　우리는 학교생활에서 학습 능력이 낮은 것은 자신감에 심각한 영향을 미친다는 것을 알고 있습니다. 물론 그 반대의 경우도 맞습니다.

　내 친구의 딸인 성민이는 똑똑하고 눈길을 끌며 활동적인 아이입니다. 성민이의 아버지는 내 제자인데, 성민이의 부모는 성민이가 학교생활을 잘하는지에 대해 관심이 매우 많았습니다. 성민이의 아버지는 부모 코칭에 대해서 많은 것을 알고 있었습니다.

성민는 헌신적이고 능력 있는 교장 선생님과 교직원이 있는 좋은 학교에 가게 되었습니다. 그곳의 학생들 사이에는 약간의 긴장감이 감도는 것처럼 보였고, 부모교육협회 활동도 활발하게 이루어지는 학교였습니다.

성민이는 지능이 높은데도 불구하고 영어와 수학 과목을 힘들어 했습니다. 성민이의 어머니와 나는 낮은 영어 과목 점수와 학습 부진아로 구분되는 것의 심각성에 대해 이야기를 나누었습니다. 그녀의 보고는 다음과 같았습니다.

- 선생님과 학교는 아직 성민이가 선호하는 학습 방법을 찾지 못했다. 과목을 한 가지 방법으로만 가르치고 있고, 이 방법을 잘 따르는 아이들은 훌륭한 학생이 되었다.
- 성민이는 두 과목에서 아직 자신에게 딱 맞는 학습 방법을 찾지 못했다.

몇 년 전 잭은 큰 컨퍼런스에서 신입 교사와 조교들을 대상으로 하는 강의에 강연자로 초청을 받았습니다. 컨퍼런스를 주최한 도시는 국제적으로 혁신적이며, 성공적인 현장 경험을 가진 곳이었습니다. 그의 강연 주제는 '선호하는 학습'이었습니다. 그는 학생들이 무언가를 배울 때 주로 사용하는 감각인 보는 것, 듣는 것, 느끼는 것의 세 가지 주요 감각에 대해서 이야기했고, 200명이 넘는 위원회 사람들이 이 강의를 들었습니다. 강의에서 그는 사람들에게 학습을 할 때 주로 사용하는 감각에 대해 물었습니다. 100명 정도가 주로 시각적인 감각을 사용한다고 응답했습니다. 그는 보통 다음 질문으로 청각을 사용하는 사람들이 얼마나 되는지 물었지만 그날은 그러지 않았습니다. 과연 몇 사람이 학습할 때 체감각을 사용할까요? 나머지 100명이 학습을 할 때 체감각을 사용한다고 대답했습니다. 그는 매우 충격을 받고 멍해졌습니다. 청각 선호 학습자가 둘뿐이라니! 이러한 사실은 무엇을 시사할까요? 그의 강의가 완벽하지 않더라도 이것은 교사, 심지어 여러 가지 새로운 방법을 시도하는 진보적인 지방교육청 관계자들에게도 인상적인 결과였습니다.

이 강연 이후 나는 가장 좋은 접근 방법을 찾기 위해 성민이의 어머니에게 몇 가지를 물어보았습니다. 얼마 지나지 않아 성민이는 자신의 머릿속에 그림을 그려서(시각 자료를 사용하는 학습자) 학습한다는 것을 알게 되었고, 지금 그녀는 교사의 청각적 자료를 시각적으로 전환할 방법을 찾지 못하고 있음을 알게 되었습니다.

당신이 생각하는 것처럼 대부분의 교사들은 청각적인 방법을 사용하여 학생들을 가르칩니다. 나는 제인에게, 성민이에게 이야기할 때 성민이의 머릿속에 어떤 그림이 떠오르는지 물어볼 것을 제안했습니다. 제인의 머릿속에 있는 소리들이 성민이의 머릿속에 있는 그림과 일치될까요? 만약 그렇지 않다면 성민이는 이 문제를 해결하기 위해 무엇을 할 수 있을까요? 교사들이 사용하는 분리된 접근 방식은 내가 의심한 바와 같았습니다. 교사는 그 과목을 한 가지 방법으로만 가르치고 있었습니다. 당신도 성민이처럼 배우고 있지는 않나요?

성민이는 어머니의 도움을 받아 소리 정보를 그림으로 전환하는 방법을 연습해 보았습니다. 예를 들면, 교사는 모두가 한 가지 소리로 들릴 것이라고 가정하고 '잔디 깎는 기계'에 대해서 이야기합니다. 그것은 무엇과 비슷하게 보이나요? 이것은 어떤 학습자에게는 느림보라는 꼬리표를 더 빨리 없애 줄 것입니다. 우리도 어떤 과목은 습득이 느리고 또 어떤 것은 빠르게 배우지 않나요? 성민이의 자존감이 높아졌고, 몇 주 후 그녀는 그 과목에서 상위권의 성적을 받았습니다.

학습하는 방법과 가르치는 방법이 잘못 짝지어진 수학 과목에도 소리 정보를 시각 정보로 전환하는 방법을 적용해 보았습니다. 나는 내가 배운 곱셈법이 성민이의 방법과 다르다는 것을 알게 되었습니다. 성민이의 방법은 학교에서 가르쳐 주는 방법보다 훨씬 빨랐습니다! 내가 이해하는 것보다 그녀가 더 빨리 배우고 있다는 것을 알게 되었습니다.

옮긴이의 노트 : NLP에서는 모든 사람들이 정보를 받아들일 때 시각, 청각, 체각 중에 한 가지 또는 두 가지 이상의 방법을 선호하는 대표 감각 체계가 있다고 봅니다.

그녀에게 도움을 줄 수 있는 질문과 시행착오를 통해 지금까지의 비효율적인 방법이 아니라 실제적인 학습 방법을 찾아줄 수 있었습니다. 수학 과목에 더 이상의 문제는 없었습니다.

아이들에게 어떤 것을 가르칠 때 생기는 많은 어려움은 그들이 우리보다 빨리 배울 수 있다는 것을 증명해야 하는 숙제를 남겼습니다. '그들은 이것을 어떻게 해야 하는지 알지만 그것이 무엇인지는 알지 못하는 것 같다.' 라는 생각으로 접근하는 것은 '어떻게 하면 내 머릿속에 있는 것을 그들에게 전달하지?' 라고 생각하는 것보다 더 나은 듯합니다.

> • 당신이 좀 더 나은 학습자와 교사가 되도록 자녀는 어떻게 당신을 돕나요?

 라포

이 연구는 코칭과 관련하여 내가 첫 번째로 작업했던 사례입니다. 내가 처음 치료사로 일할 때, 열 살 된 폴의 어머니는 아이와의 관계가 걱정되어 찾아왔습니다.

폴은 원기 왕성한 사내아이로 확실히 엄마와 서로를 아주 아끼는 듯 보여서 나는 과연 저 둘 사이에 무엇이 문제일지 매우 혼란스러웠습니다.

나는 코칭이 문제를 파헤치고 해결하는 것과는 달리 무언가를 수행할 수 있는 능력을 길러 주는 것임을 그날 배웠습니다.

폴은 분명히 다른 권력자에 대해 경계하고 있었습니다. 나는 이것을 해결하는 데 학교가 중요한 역할을 할 수 있는 장소라고 생각했습니다. 폴은 엄마에게 쓴 편지를 나에게 보여 주었습니다.

개인적인 나의 우선순위는 가능한 한 빨리 신뢰(1번 카드 참조)를 구축하고 라포(5번 카드 참조)를 형성하는 것입니다. 폴의 어머니는 형편이 좋아 보이지 않았고, 왜 이런 불필요한 시도에 돈을 써야 하는지 이해하지 못했습니다.

이럴 땐 어떻게 할 수 있을까요? 나는 폴에게 깊은 동정심을 느꼈고 그를 무척 도와주고 싶었습니다. 그를 높이 평가하고 그가 할 수 있도록 권한을 부여해 주었으며, 자아 가치감(2번 카드 참조)을 확인시켜 주었습니다. 또한 그의 몸짓 언어와 생리학적인 언어에 큰 관심을 기울였습니다(3번 카드 참조).

내가 한 일이 너무 단순해 보이나요?

치료계에 내가 소개한 이 멋진 모델에 대해 다음과 같이 설명할 수 있습니다. 누구와 함께 일대일로 일하든지 우리는 마음(heart)과 칼(sword)이라는 두 가지 자원을 가지고 있습니다. 이 책은 여기든 다른 어디에서든 사용할 수 있는 도구와 질문이 있는 칼입니다. 마음은 우리의 연민 또는 사람에 대한 사랑입니다. 내가 현장에서 만난 세계적인 리더 중에 높은 수준의 기술을 가지고 있고 지적인 사람들은 언제나 따뜻한 마음을 갖기 위해 노력하라고 조언했습니다.

폴은 나를 감동시키고 눈물 흘리게 만들 수도 있는 편지를 보여 주었지만 나는 그런 것은 생각하지 못한 채 틀린 철자법을 몇 개 지적했습니다. 그러나 철자가 몇 개 틀린 것은 폴이 엄마나 선생님에게 말했던 것처럼 나와 폴에게도 중요하지 않았습니다. 그래서 나는 폴에게 영어 단어 중 가장 긴 단어가 무엇인지 물어보았습니다. 폴은 답을 알지 못했지만 이 질문은 그의 관심을 끌 수 있었습니다. 폴이 답을 알면서도 침묵한다면 그것은 좋은 메시지가 아니었습니다. 나는 폴에게 맞추고 이끄느라 정신없었습니다(8번 카드 참조).

아직도 'antidisestablishmentarianism'이 가장 긴 영어 단어인지 아닌지 잘 모르겠지만, 그가 철자를 더 잘 쓰고 싶어 한다고 생각한 것은 매우 정확한 추측이었습니다. 나는 폴의 어머니와의 관계 같은 다른 측면은 생각하지 않았습니다.

그래서 이전에 사용하던 내 치료 기술들을 버렸습니다. 우리는 15분을 철자를 더 잘 기억하기 위한 전략을 세우는 데 쏟았습니다(24번 카드 참조). 남은 시간은 이것이 어떤 요행에 의해 이루어진 일이 아니라는 것을 폴에게 확신시키는 데 사용했습니다. 그것은 우연이 아니었습니다. 그리고 폴도 그 사실을 알았습니다.

코칭 회기에 28개가 넘는 글자의 철자를 익히면서 그의 자존감은 놀라울 만큼 높아졌습니다.

폴과 나는 악수를 했고, 폴의 어머니는 무슨 일이 일어났는지 나에게 물었습니다. 그래서 나는 폴에게 이제 철자법에 대해 어떻게 생각하는지 물었습니다. 폴의 어머니는 놀랐습니다.

• 당신은 자녀와의 라포를 증진시키기 위해 무엇을 할 수 있나요? 라포 증진을 위해 애씀으로써 당신의 자존감과 학습 능력을 향상시켜 볼까요?

 자신감

이 사례는 트레이너와 교사들이 학생들 개개인에게 알맞은 코칭 방법을 사용할 수 있는지, 그리고 이러한 코칭 접근이 얼마나 가치 있는지를 보여 줍니다.

나와 동료들은 중서부 지방의 학교에서 프로그램을 실시했습니다. 우리는 이 프로그램에서 배운 것을 자신의 삶을 향상시키는 데 적용하려고 노력하는 말릭이라는 어린 아시아 소년에게 감명을 받았습니다.

말릭은 5일 동안 아주 큰 진전을 보였으나 그를 사로잡을 만한 것이 나타나지 않았습니다. 나의 아내 앤은 그에게 원하는 것은 무엇이든지 말해 보라고 이야기함으로써 그 문제를 해결하려고 했습니다.

한참 후에 말릭은 마지못해 입을 열었습니다. 그의 가족은 다음 해에 프랑스 여행을 갈 예정이었는데 참전 용사들이 잠든 묘지를 방문하기로 되어 있었습니다. 그는 자기 자신과 부모가 감정을 잘 다루지 못해서 가족에게 문제가 생길지도 모른다는 생각에 두려워하고 있었습니다.

"그래서 너는 여행은 가고 싶지만 전쟁 묘지를 방문하는 게 걱정인 거니?"라고 앤이 물었습니다.

앤은 그의 비합리적인 신념이 며칠 전부터 계속 형성되고 있었으며, 그가 이로 인해 격앙될 자신의 감정에 대해 걱정하고 있음을 알았습니다. 너무 직접적으로 질문하면 말릭을 당황스럽게 할 수도 있었기 때문에 앤은 이렇게 말했습니다. "만약 네가 그곳에 가는 것을 바꿀 수 있다면 어떻게 하는 게 좋겠니?"

"글쎄요, 제 생각에 저는 묘지에 가지 않는 게 더 나을 거 같아요. 하지만 그곳이 우리 아버지에게 어떤 의미인지 알기 때문에, 만약 제가 그곳에서 침착하고 대담해질 수만 있다면 그곳에 몹시 가고 싶을 거예요." 말릭이 말했습니다.

"지난주에 했던 활동처럼?" 앤이 말했습니다. 그녀는 말릭이 특정한 작업에서 뛰어난 집중을 보인다는 것을 알고 있었습니다.

"맞아요!" 말릭이 대답했습니다.

앤은 말릭이 지금 자신의 삶에서 역경에 대처하고 있는 상태라는 것을 확실히 깨닫게 되었습니다. 게다가 그는 자기 자신에게 기분 좋은 놀라움을 경험하고 있었습니다.

"너는 자신감이라는 단어를 들으면 뭐가 떠오르니?"

"좋은 감정이라는 생각이 들어요."

"그 감정은 주로 네 몸 어디에서 느껴지니?"

"그건 마치 따뜻한 햇볕이 내 볼을 비춰 주는 것 같은 느낌이에요."

"멋지구나! 그렇다면 네가 프랑스 여행을 생각할 때는 어떤 걱정거리가 떠오르니?"

"국립묘지를 방문하는 건 성가신 일이에요. 하지만 이제는 그게 나에게 큰 문제가 되지 않아요. 사실은 저도 거기에 가는 것을 기대하고 있어요. 왜냐하면 아버지가 몇 년 동안 거기에 가고 싶어 하셨기 때문이죠. 저는 그곳에 가고 싶어요!"

지금에 집중하는 이 원칙은 특별히 어떤 것을 정말로 하고 싶을 때, 부정적인 감정을 없애 주는 아주 강한 긍정적인 감정 또는 상태입니다. 말릭은 개인적인 여러 가지 이유로 프랑스에 가고 싶어 했으나 아버지를 위한 동기도 아주 큰 이유였습니다. 이전에 자신감을 가졌던 때의 기억을 활용하고 강한 동기 부여를 할 수 있게 도와준 것이, 이전에 한 번도 가 보지 못한 곳에 대한 그의 불안을 극복할 수 있게 해 주었습니다.

- 자녀가 문제를 극복하는 것을 도와주면 어떻게 자아 신념을 높여 줄 수 있을까요?

 ## 스트레스 조절

나의 동료인 제프 모런(Jeff Moran)은 학교에서 10대를 대상으로 학습 능력과 자존감 향상을 도와주는 프로그램을 진행하고 있었습니다. 이런 기회를 얻게 되었을 때, 그는 과다 업무로 스트레스를 받고 있었습니다. 사실 그는 이 책에서 제시한 30~35번 카드의 내용을 충분히 숙지하고 있었습니다.

제프의 관심사는 소리였습니다. 비록 동물에게 고통을 주는 실험을 용납할 수 없겠지만, 그는 다른 종류의 음악이 쥐에게 미치는 영향에 관한 최근의 연구에 대해 이야기했습니다.

쥐 실험은 보통의 연구실에서 진행되었고, 같은 실험 환경에서 다른 종류의 음악을 들려주는 실험이었습니다. 실험 결과, 바로크 음악이나 클래식 음악을 들려주었을 때는 쥐들의 스트레스 정도가 상당히 감소 되었으나(34번 카드 참조) 록 음악을 들려주었을 때는 쥐들이 서로를 죽이기 시작했습니다.

학교에서 일할 때, 나는 주의가 필요한 아이들을 만나게 되었습니다. 사실 최근에 열네 살 아이들 모둠과 활동하면서 그 아이들이 단 1분만이라도 조용히 있게 하는 것이 내 목표임을 의뢰인에게 이야기했습니다. 몇 년 전, 세계 최정상급인 내 라포 형성 기술로도 이것이 불가능한 일임을 깨달았습니다!

이 모든 사례 연구는 비슷한 범주로 분류될 수 있습니다. 만약 당신이 선생님을 싫어하거나 라포가 형성되지 않은 채 학습을 한다면 문제가 생길 것입니다. 또한 당신 자신을 싫어하고 자존감이 결여되어 있다면 반사회적 행동을 나타낼 것입니다. 머리가 정서적 · 신체적 스트레스로 가득 차 있다면 이 모든 것은 자신에게 주의가 집중되어 있는 것이라고 정의할 수 있습니다! 우리 아이들은 ADHD나 부적응아, '정상' 또는 '조금 부족'이라는 꼬리표를 달게 됩니다. 스트레스 조절이 어려울 정도인 켄과 같은 아이들의 경우 대안이 거의 없습니다.

켄은 난독증일까요? 아니면 단지 학습에 어려움이 있는 아이일까요? 켄의 어머니는 켄이 휴식을 취하는 모습을 본 뒤 그가 심각하게 다르다는 것을 깨달았습니다. 켄이 모든 학교 활동에 집중하기 어려워한다는 것을 알게 되었고, 담임선생님과의 면담이 끝없이 계속될 것이라고 생각했습니다. 숙제는 언제나 켄을 괴롭히는 원인이었습니다.

나는 그의 식습관에 대해 듣고 놀랐고(32번 카드 참조), 아이들이 여러모로 정크푸드와 중독성 있는 소다 음료를 먹을 수 있다는 것을 알게 되었습니다. 하지만 나는 켄이 이 방법을 반기지 않을 것이라고 생각했습니다. 켄은 안정을 되찾기가 매우 어려웠습니다. 우리는 이야기를 나누었는데 몇 분 후에 그가 음악 듣기를 좋아한다는 것을 알아냈습니다.

켄의 어머니는 만약 켄이 조용하다면 집안 전체가 좋아질 것이라고 말했습니다. 그는 기운이 없었고 정말로 안정을 취하길 원했으며 현재 상태에 스트레스를 받고 있었습니다. 그리고 그는 몇 가지를 선택할 수 있었습니다.

휴식하는 상황에 대해 말로 표현할 수도 있지만 경험하는 것이 가장 좋은 방법입니다. 그래서 나는 켄에게 휴식에 도움이 되는 특별한 CD를 테스트해 보았습니다. 그는 다음에 다시 나를 만나러 오기 전에 그 CD를 사용하는 데 동의했습니다. 그의 어머니는 CD에 대해 이렇게 말했습니다.

"지난 몇 주 동안 켄의 전체적인 태도가 변했어요. 켄은 숙제를 했고, 자기와 외모에 대한 자신감이 높아졌어요. 또 더 능동적이고 행복을 중요하게 여기게 되었답니다. 그 아이는 CD를 들으며 잠들었고, 집에서 휴식을 취할 때 그 음악을 들으면 진정 효과도 있었어요. 덕분에 아이들은 꾸벅꾸벅 졸다 별 어려움 없이 잠자리에 들 수 있었지요."

켄이 휴식을 취하기 위해 편안한 목욕 시간을 갖든 CD를 사기로 하든 어느 쪽이든 괜찮았습니다. 다만 아직 열두 살밖에 되지 않았으니 와인이나 다른 해로운 것을 선택하지 않았다는 사실에 행복했습니다.

이것은 라포를 형성하기 위한 신뢰와 존중을 구축하고 맞춰 주기와 이끌어 주기 기법을 사용한 후 경청하고 대안을 찾은 코칭 모델의 좋은 예입니다. 이 모든 것이 바로 코칭의 핵심이기 때문입니다.

그가 얻은 모든 것들이 그를 편안하게 합니다!

세상의 모든 교실에 있는 사람들은 일하지 않을 때 무엇을 할까요?

세계적 수준의 휴식 시간을 가져 보세요!

- 당신의 자녀에게 휴식 모델을 어떻게 제공하겠습니까?

코칭 사례 분석

Coaching

2장에서는 특정 부분이 강조된 부모와 자녀 사이의 네 가지 대화를 소개했습니다. 이제 당신은 자녀에게 도움이 필요한 순간에 자녀를 도울 수 있는지 또는 구체적인 상황에 대해 보다 진지한 주의가 필요한 시간을 비워 놔야 하는지를 당신만이 결정할 수 있다는 것을 알게 되었습니다.

그 대화들에 이름을 붙이지 않더라도 당신은 비슷한 대화를 할 수 있기 때문에, 여기에 제시한 대화 사례들은 전부는 아니지만 우리에게 자기 자신을 돌아볼 수 있는 기회를 줍니다. 정말로 당신은 "그건 단지 상식일 뿐이야."라고 말해야 할지도 모릅니다.

- 이 모든 것이 자녀가 당신에게 더 가까이 다가오게 할 수 있을까요?
- 당신은 유사한 대화를 끝없이 할 수 있나요?
- 당신의 자녀를 위해 할 수 있는 일 중의 하나는 무엇인가요?
- 다른 것은 무엇이 있나요?
- 당신이 좋은 코치가 되는 것이 가능하다고 생각하나요?

'부모님의 생각은 무엇인가' 라는 대화체의 마지막 칼럼을 추가하면서, 우리는 당신에게 코칭 마인드를 경험할 수 있는 기회를 드리고자 합니다. 여러 다른 상황을 설정하고 끊임없이 시도한다면 자녀가 당신에게 가까이 다가올 수 있게 해야 한다는 자각 없이도 마침내 '코치'가 될 수 있을 것입니다.

당신은 또한 어떻게 GROW 모델이 각각의 대화 상황에서 적용되는지 이해하기 시작할 것입니다.

 #1 라포

아이들이 본능적으로 의사소통의 존재 또는 부재를 깨닫는 것은 매우 중요합니다. GROW 모델의 요소는 굵은 글씨로 표시했습니다.

부모의 말	자녀의 말	부모의 생각
	엄마, 왜 어떤 때는 아빠와 잘 지내는 게 쉽게 느껴지고, 어떤 때는 어렵게 느껴질까요?	
그게 무슨 말이니, 재영아?		재영의 **현재 상태**(Reality)를 점검하자.
	어제 문제가 좀 있었어요. 아빠가 엄마한테 얘기 안 하셨어요?	
아니. 계속 말해 보렴.	쟁반의 음식을 떨어뜨렸는데 아빠가 야단을 치셨어요.	
라포를 잃어버렸구나.	라포라고요? 그게 뭐예요?	
아 미안, 이건 좀 생소한 단어지? 다르게 표현해 볼게. 너는 누군가와 친해졌다는 것을 어떻게 아니?	몰라요. 그건 그냥 어느 순간 알게 되는 거 같아요. 제 생각에는요.	
아빠가 너를 꾸짖었을 때 느낌이 어땠니?	힘들었어요. 저에게 소리 지르셨거든요. 제가 그런 거 싫어하잖아요. 심지어 욕도 하셨어요. 게다가 카펫에 설상가상으로 주스가 쏟아져 버렸어요.	
그리고 무슨 일이 일어났니?	제가 먼저 죄송하다고 말했어요. 그건 사고였고 일부러 그런게 아니라고요. 하지만 아빠는 계속 화를 내시며 제가 그것들을 모두 치우게 하셨죠.	
	그 후에 제가 "차 한잔 드릴까요?"라고 묻자 아빠는 진정하시고 훨씬 더 온화해지셨어요. 평소처럼요. 정말로요.	
어떻게 얘기했니?	아빠는 웃으며 "이리 온." 하고 말하고 절 꼭 껴안았어요. 그리고 그 이후엔 괜찮아지셨어요.	

부모의 말	자녀의 말	부모의 생각
그럼 다시 라포가 형성되었구나?	라포의 의미가 제가 생각하는 대로라면 그렇죠. 더 편안하고, 그런 일이 다시 일어나지 않을 것 같았거든요. 그런데 라포가 뭐예요?	
편안한 상태, 그게 바로 라포라는 거야.		
다시 얘기해 줄게. 이런 일이 다시 일어나기를 바라진 않지만 다시 일어난다면 넌 이번과는 어떻게 다르게 행동할 수 있겠니?		**대안**(Options)을 찾고 **실행 계획**(What will you do) 세우는 것을 도와줄 수 있다.
	저는 곧바로 죄송하다고 할 거예요. 아빠가 화를 내면 너무 불편하거든요.	
네 생각에 아빠가 어떻게 해 줬으면 좋겠니?	잘 모르겠어요. 어떻게 보면 옳은 것도 같고 아닌 것도 같고.	
더 좋은 방법을 찾기 위해서는 무엇을 해야 할까?	그런 일이 일어나기 전에 아빠한테 물어볼 수 있어요. 그러면 아빠가 화내는 것을 제가 좋아하지 않는다는 걸 아빠가 알 거예요.	**실행 계획**(What will you do)을 세우자.
좋은 생각이다. 언제 그렇게 할 거니?	오늘 밤에요. 차 마시기 전에!	
그럼 아빠가 기분이 좋아져서 행복하다고 느낀다는 걸 어떻게 알 수 있을까?	아빠가 제 얘기를 이해해 주신다면 제가 해냈다는 것을 알 수 있을 거예요.	이것이 **목표**(Goal)이다.

 #2 자신감

우리가 어떤 사건에 반응하는 정도는 특정한 결정이나 행동의 방향을 받아들이는 자신감에 직접적으로 영향을 줍니다. GROW 모델은 굵은 글씨로 표시했습니다.

부모의 말	자녀의 말	부모의 생각
	엄마, 난 왜 항상 서투를까요?	이게 무슨 얘기지?
언제 그렇게 서투르다고 느꼈니?		
	바닥에 숙제 노트를 떨어뜨렸을 때요. 어제는 컵을 쏟아 버렸어요.	
단지 그 일 때문에 네가 서투르다고 할 수 있을까?	저는 그렇다고 생각해요.	
정희야, 네가 서투르다고 계속 주장한다면 네가 믿는 그대로 된단다.	하지만 저는 그렇다고 생각되는 걸요?	정희의 **현재 상태** (Reality)를 점검하자.
음, 재미있는 걸 한번 해 보자. '서투르다'는 말과 반대되는 말을 떠올릴 수 있겠니?	잘 모르겠어요. '안 서투르다'는 어때요?	잠재적으로 가지고 있는 부정적인 패턴을 해석하자.
음, 그것도 맞지만 더 긍정적인 말이 있을 것 같은데? 네가 무엇이 아니라고 말하는 것보다 '나는 무엇이다'라고 긍정적으로 말하는 게 어떨까?	반대말이 뭔지 모르겠어요. '우아하다'는 어때요? 하지만 저는 우아하지 않죠.	도울 수 있는 **대안** (Options)을 찾아보자.

부모의 말	자녀의 말	부모의 생각
그래, 간단한 말(언어)실험을 통해서 한번 해 보자. "너는 우아해."라는 말을 들으면 어떠니?	자신감이 생길 것 같아요.	마음을 긍정적인 상태로 만드는 것이 중요하다.
그럼 만일 네게 자신감이 있다면 어떻겠니?	좋아요!	
자신감 있는 사람은 책을 떨어뜨리거나 뭘 쏟고 그러니?	그렇지 않다고 생각해요. 자신감 있는 사람은 그런 일에 대해 고민하지 않을 것 같아요.	정희의 **현재 상태**(Reality)를 다시 점검해 보자. 누구도 완벽하지 않다.
그럼 이렇게 해 보는 게 어떻겠니? 네가 자신감 있는 사람이라고 상상해 봐. 어떠니?	굉장히 좋아요. 제 주변에서 일어나는 모든 것을 알고 있고 제가 다 알아서 할 수 있을 것 같아요.	
기분이 어떠니?	아주 좋아요. 진짜 자신감이 생긴 거 같아요.	
잘했어. 이 순간을 기억하렴. 무슨 일이 생기든지 너는 자신감 있는 사람이야!	고마워요, 엄마. 엄마는 저의 스타예요!	이것이 **목표**(Goal)와 **실행 계획**(What will you do)의 통합이다.

 #3 학습

수업과 숙제는 많은 가정에서 티타임 시간에 이야기하는 일반적인 주제입니다. GROW 모델은 굵은 글씨로 표시했습니다.

부모의 말	자녀의 말	부모의 생각
형진아, 기분이 어떠니?	별로예요. 수학이 아주 형편없거든요.	이크, 나도 수학에 젬병이였는데!
		다루기에 너무 큰 주제다. 이 문제를 해결할 수 있는 가장 좋은 방법은 문제의 범위를 좁히는 것이겠군.
모든 수학에서 형편없을 수는 없어. 특별히 어려운 부분이 뭐지?	대수학이요. 1주일 동안 하고 있는데도 저는 도저히 따라갈 수가 없어요.	이런, 나도 대수학에 젬병이였는데!
		나는 이것을 문제라고 부르지 못하는 나 자신의 우려를 피해서 다음 단계로 나아가야 해.
대수학을 할 때 어떤 생각이 드니?	전혀 이해가 안 돼요.	좋아, 형진이를 도와줄 수 있는 방법의 구조를 생각해 봐야겠군.
이해할 수 있는 부분이 아주 없는 거야?	간단한 방정식 정도는 이해할 수 있어요.	형진이의 **현재 수준**(Reality)이 어느 정도인지 확인해 봐야겠다.
또 다른 건?	없어요, 이차방정식은 진짜 할 수가 없어요.	흠… 맞아. 나도 그 이름은 기억하고 있지만 의미 없는 건 내게도 마찬가지지. 미래에 대한 그림을 그려 보자.
대수학을 어느 정도로 하면 좋겠니?	이차방정식에 대한 이해가 필요해요.	
네가 이차방정식을 이해할 수 있다면 어떤 일이 일어날까?	아주 좋은 점수를 받을 거예요.	좋아! 이제 형진이가 어떻게 해야 할지 정확하게 계획을 세울 수 있겠어.
너는 지금 몇 점인데?	아마 40점일 거예요.	

부모의 말	자녀의 말	부모의 생각
그렇다면 뭔가를 해야겠구나.	저도 그래야 한다고 생각해요.	지금 성공에 대한 의식을 높여 주어야겠다.
몇 점을 받으면 행복하겠어?	적어도 70점을 받고 싶어요.	이제 우리는 **목표**(Goal)가 생겼다.
아빠는 네가 어떻게 그 점수까지 향상시킬 수 있는지 궁금하구나. 좋은 생각이 있니?	사실 없어요.	형진이는 지금 자신감을 잃었군. 그리고 흥미도 없는 것 같아. 그럼 몇 가지 **대안**(Option)을 진행해 볼까?
솔직하게 말해서 나도 수학 과목에 강하지 않단다. 하지만 나는 해결할 수 있는 방법이 있다고 생각해.		일단 계속해서 라포를 형성해야겠다.
네가 영어를 공부할 때 어떻게 했는지 떠올린다면 방법이 있지 않을까?	흠, 준수에게 물어볼 수 있어요. 아마 저를 도와줄 거예요. 또 다른 친구들 앞에서 질문하는 것은 좋아하지 않지만 선생님이 저를 도와주신다면 물어볼 수 있어요.	형진이가 성공했던 경험을 떠올리게 해 주자. 이것은 형진이에게 대수학은 요즘에 극복해야 할 하나의 도전일 뿐임을 알게 할 거야.
좋은 방법이구나. 어떤 방법이 더 좋니?	제 생각에 준수는 수학을 잘하기 때문에 함께 공부하는 게 좋을 거 같아요. 하지만 준수가 저를 도와주는 걸 좋아할지 잘 모르겠어요.	어떤 방법이든 온전히 형진이에게서 나온 것이라야 해.
좋아, 그럼 준수에게 어떻게 하면 좋을까?	내일 준수의 동생 민희에게 물어볼 거예요. 민희는 준수에 대해 잘 알고 있고, 게다가 저를 좋아하거든요.	나는 이 상태를 지속해야 해. 하지만 형진이가 지금 **무엇**(What)을 하는지 완벽하게 명확성을 갖도록 하는 것이 핵심이야. 그건 주인의식에 관한 것이지.
		그가 가장 좋은 방법을 알고 있다는 명제는 사실이었다!

#4 스트레스 조절

어린이나 청소년들과 함께하는 것은 특별합니다. 아주 간단해 보이는 것도 현실의 균형을 벗어나면 종종 스트레스를 유발하곤 합니다. GROW 모델은 굵은 글씨로 표시했습니다.

부모의 말	자녀의 말	부모의 생각
수영아, 오늘 왜 그러니?	묻지 마세요.	이크, 신중하게 접근해야 겠구나.
.		무슨 일이지? 남자 친구와 문제가 생긴 것 같은데.
좀 알려 주렴. 그래야 내가 너를 도울 수 있잖니.	궁금해하지 마세요.	일이 점점 꼬여 가는구나.
		나는 이것을 문제라고 부르지 못하는 나 자신의 우려를 피해서 다음 단계로 나아가야 해.
내가 맞혀 봐도 될까? 아니면 힌트를 좀 주겠니?	엄마도 알 거예요. 내가 힌트를 주지 않으면 엄마는 계속 잔소리를 할 거라는 걸.	좋았어!
비꼬지 말고 얘기해 봐. 엄마는 네 얘기를 들을 준비가 되어 있어.		수영이의 **현재 상태**(Reality)를 점검하자.
	정아 때문이에요.	
정아랑 무슨 일 있었니?	정아는 아주 골칫거리예요. 정아한테 질려 버렸어요. 걔는 나를 미치게 해요.	

부모의 말	자녀의 말	부모의 생각
정아가 어떻게 했는데?	그 애는 내가 하는 말을 따라 하고, 내가 입는 옷을 따라 입고, 내가 가는 곳에 가요. 나는 걔가 죽어 버렸으면 좋겠어요!	판단을 자제하고 객관성을 유지해야 해.
정아가 그러는 이유가 있니?	그건 정아가 멍청하기 때문이에요. 그래서 저는 스트레스를 받아요.	
엄마는 아직 네가 모르는 다른 이유가 있는 건 아닌지 궁금하구나.	신경 쓰지 마세요. 어쨌거나 엄마랑은 상관없잖아요.	나는 '너'라는 표현 대신 '우리'라는 표현을 사용했는데 수영이는 이 트릭을 그냥 지나치지 않는군. 하지만 나는 아직 이 분리를 인정하지 않겠어.
내 생각에는 네가 정아에게 신경을 쓰지 않는다면 스트레스를 받지 않을 것 같구나.	그럴 리가 없어요!	우리는 점점 해결책을 향해 가고 있어. 수영이는 무관심한 척하고 있어.
정아와 함께 무언가를 해 보지 그러니?	난 정아가 없어졌으면 좋겠어요. 그러면 난 스트레스를 안 받을 거예요.	이건 좀 더 조사해 봐야 할 것 같긴 하지만 드디어 우리는 **목표**(Goal)를 가지게 되었다.
정아도 알고 있니?	아뇨, 나는 정아를 무시하니까요.	
네 행동이 정아의 기분을 어떻게 만들 거라고 생각하니?	아마도 굉장히 기분 나쁘겠죠. 그래도 그건 정아의 잘못이에요.	이제 수영이는 다른 사람의 입장에서 생각할 수 있게 되었다. 우리는 잘 되어 가고 있어.
정말로 정아가 없어졌으면 좋겠니?	정아가 계속 멍청하다면요.	이제 조건부로 바뀌었다.
정아가 무엇을 원할 거라고 생각하니?	잘 모르겠어요. 그냥 신경 쓰고 싶지 않아요.	
알 수 있는 방법이 없을까?	뭐, 정아에게 물어보면 되겠네요.	얼마나 좋은 생각인가!

부모의 말	자녀의 말	부모의 생각
네가 정아에게 물어봤다고 상상해 보자. 어떤 점이 좋아질까?	정아는 나를 왜 그렇게 귀찮게 했는지 말할 거예요.	이것이 **해야 할 일**(What to do)이 되겠군. 수영이가 이것을 통해 무언가를 시도할 수 있도록 시간을 주면서 지금은 대답을 끝까지 기다리자.
그리고 또?	정아가 왜 나를 그토록 미치게 했는지 조금은 이해할 수 있을 거예요.	수영이는 이제 **대안**(options)과 수정된 **목표**(Goal)가 가진 장점을 안다.
수영아, 엄마가 보기에는 네가 스트레스를 줄일 수 있는 방법을 벌써 찾은 것 같구나. 정아랑 얘기하는 건 가치가 있을 거야, 그렇지?	네, 나도 정아가 왜 나를 미치게 했는지 좀 이해할 수 있을 것 같아요. 고마워요, 엄마.	
이제 곧 해결할 수 있겠니?	네, 내일 정아랑 얘기해 볼 거예요. 그리고 엄마에게 알려 드릴게요. 그런데요 엄마, 지금 행복하세요?	해냈다!

옮긴이의 노트 : 옮긴이가 개발한 COACH 모델로 변형하여 연습할 수 있습니다.

– 한국부모코칭센터가 주관하는 〈Magic 9 부모코칭〉 프로그램을 참조합니다.

✳ Exercise Nine

코칭 사례 분석

이 사례들은 코칭의 미스터리를 명확하게 해 주었나요? 무엇이든 특별한 돌파구를 찾았다면 적어 보세요.

1. _____
   _____
2. _____
   _____
3. _____
   _____
4. _____
   _____

솔로코칭

언제 여기서 배운 것을 의도적으로 적용할 수 있을까요?

1. _____
   _____
2. _____
   _____
3. _____
   _____
4. _____
   _____

부록

 자주 하는 질문

1. 나는 당신이 이전에 쓴 책과 함께 제공한 자료와 책, CD가 함께 들어 있는 '실천 카드(physical card)'를 갖고 있는데 그래도 이 책이 필요할까요?

만약 당신의 코칭 능력에 만족한다면 필요하지 않을 것입니다. 그러나 당신의 코칭을 더욱 깊고 풍부하게 하고 싶다면 필요할 것입니다. CD는 생기를 불어넣는 방식을 알려 주는 카드와 45개의 실천 카드로 구성되어 있습니다. 당신은 아마도 효과적인 대안을 찾을 수 있을 것입니다.

카드나 CD는 다음 웹사이트를 통해 이용할 수 있습니다.

www.thedirectorscoach.com

www.organisationalhealing.org

2. 따돌림당하는 내 아이를 어떻게 코칭할 수 있을까요?

따돌림이 언제 어디서 발생하는지는 학교나 따돌림을 당하는 아이의 부모님에게 고민이 되는 사안입니다. 자아 존중감이 낮은 아이는 종종 따돌림을 당할 수 있으며, 이에 도움을 주고자 6장에서 이 내용을 다루었습니다. 이것은 따돌림당하는 아이를 적절히 다룰 수 있는 많은 자원을 얻는 데 도움이 될 것입니다.

3. 우리 아이는 학교를 비롯해 다른 것을 배우는 데에도 관심이 없습니다. 코칭의 어떤 제안에도 냉소적으로 반응했지요. 제가 무엇을 할 수 있을까요?

이 책은 당신이 코칭을 어려움 없이 할 수 있도록 도와줍니다. 코칭이 무엇인지 아이가 모르더라도 말입니다. 그러나 우리는 순진하지 않고, 당신의 아이가 책이나 CD, 카드에서 무언가 이전과 다르다는 것을 깨닫기 전에는 오래가지 못합니다. 성공한 사람들에게는 모두 코치가 있다는 이야기로 자녀가 코칭에 참여할 수 있게 격려하는 건 어떨까요? 그들은 야구, 축구, 노래, 음악, 춤, 정치 등 어떤 것에 그들이 관심이 있든 코칭이 자신의 성취수준을 훌륭하게 만들어 준다는 데 공감할 것입니다. 당신은 그들이 무엇에 관심이 있는지 알고 있지 않나요? 그들이 되고 싶은 것이 무엇인지 모른다면 당신은 자녀를 돕기 어려울 것입니다.

4. 내 아들과 딸이 최근에 그들을 도우려는 나의 코칭에 응하지 않아요. 아들과 딸은 "부모님은 내가 학교에서 어떻게 배우는지 모르잖아요? 그런데 어떻게 나를 도울 수 있어요?"라고 이야기합니다.

가르치지 않고도 도와줄 수 있습니다. 5장에서 언급했듯이 가르침은 지식 전달이 최우선 목표입니다. 코칭을 할 때 학교에서 배우는 교과목들의 구체적인 내용은 특별히 필요하지 않습니다. 코칭은 코치이가 답을 갖고 있다는 전제하에 시작되며 성적에 관한 문제뿐 아니라 광범위한 주제를 포함합니다. <u>코칭은 당신이 가진 것들로 하는 것이 아니라 자녀가 그동안 경험해 왔던 것을 통해 하는 것이기 때문입니다.</u> 그러므로 모든 것을 알고 있는 전문가가 아니더라도 생각과 대안을 끌어낼 수 있으며, 당신이 수년간 쌓아 온 지식을 자녀에게 제공하는 것이 가능합니다. 그러나 자녀를 코칭할 때 항상 좋은 생각과 대안을 만들어 내려 한다면 언젠가 지치고 말 것입니다. 4장에서 언급한 것과 같이 당신의 아이를 성장시키십시오! 그 단계에서 당신이 어떤 제안을 하는 것이 괜찮은지 자녀에게 동의를 구하세요.

5. 이 모든 코칭이 부족한 가르침을 보상하는 방법입니다. 만약 아이들이 선생님 역할을 충실히 수행하는 좋은 선생님을 만났다면 이러한 것들은 필요하지 않았을 것입니다.

가르치는 것은 지식 전달을 우선으로 합니다. 코칭은 코치이가 답을 가지고 있으나 아직 깨닫지 못하고 있는 답을 얻어 내는 데 어려움을 가졌다는 것에서 출발합니다. 그래서 이것은 지식을 말하는 전문가가 아니라 코칭을 받는 사람들로부터 답을 이끌어 내는 전문가가 될 수 있도록 설계되었습니다. 위의 4번 질문에 대한 답을 다시 읽어 보세요.

6. 코칭할 시간이 없어요. 직장에 다니는데 집에 돌아오면 아이를 양육하고 집안일을 하거든요.

코칭을 하기 위해 따로 시간을 내지 않아도 됩니다. 코칭은 기회를 찾는 것입니다. 어떤 단계에서도 당신은 준비가 가능한 더 많은 시간 또는 더 적은 시간을 조사할 수 있습니다. 어떤 사람은 한 가지 주제를 가지고 행복해질 때까지 스트레스를 관리합니다. 다른 사람은 하루를 또는 한 주를 위한 카드를 고르고 그것을 위해 홀로 일합니다. 그래서 당신 삶의 방식에 맞춘 그 호흡으로 진행할 수 있습니다. 코칭할 더 많은 시간을 찾는 것은 더 적은 시간을 찾는 것보다 더 많은 강력한 기회를 줄 것입니다. 그래서 당신은 대부분의 시간을 코칭하는 데 사용할 수 있게 될 것이며 이것은 엄청난 보상입니다.

7. 내 아들/딸이 미래를 위해 준비하기보다 놀기를 좋아해요. 아이가 원하는 것은, 좋은 직업을 위한 준비보다는 노는 거예요.

코칭은 레저, 직업 등을 포함한 어떤 종류의 것에도 도움을 줄 수 있고, 아이가 관심을 가지고 있는 것에 대하여 보다 충분한 결정을 내릴 수 있도록 도와줄 수 있습니다. 이러한 접근으로 코칭 대화를 통해, 불성실한 학업이 그들의 삶에 끼치는 영향에 대하여 더 잘 이해할 수 있습니다.

8. 학교에서 아이가 따돌림을 당하고 항상 문제를 일으키며 수업에 빠져요. 코칭은 어떻게 도움이 되지요?

아이들은 다른 사람의 관점에서 보기가 쉽지 않기 때문에 도움이 필요합니다. 문제 상황에서 아이를 지키는 가장 좋은 방법은 다른 곳으로 아이를 데려가는 것입니다. 아이의 취미 생활, 스포츠, 또는 가능한 다양한 흥밋거리를 만드는 것이 중요합니다.

다른 중요한 부분은 처음부터 더욱 명확한 윤리적 가이드라인을 제시하는 것입니다. 아이들에게 옳고 그름을 명확하게 가르치는 것은 시간이 소요되고 쉽지 않은 일이지만 소모적인 것만은 아닙니다. 엄격한 규칙을 강조하는 것은 많은 부모님들에게 도전이 될 수 있지만 아이들에게 명확한 경계를 설정하는 데 도움이 될 것입니다.

이 책에는 "다른 사람의 입장이 되어 보라"고 이야기하는 라포에 관한 완벽한 장(章)이 있습니다. 게다가 배우는 것을 더욱 적절하고 흥미롭게 만드는 것을 포함하고 있으며, 이것은 당신의 아이가 보다 자원이 충분한 방법으로 적절하게 배울 수 있도록 고무시킬 것입니다.

9. 아이가 몇 살 때 코칭을 시작해야 할까요?

전통적으로 부모 코칭은 5세 이상의 아이이면 상관없다고 보았습니다. 그러나 이는 얼마나 큰 실수인지 모릅니다. 한 부모는 세 살 이상의 아이에게 부모 코칭 접근을 시도하여 성공적인 결과를 얻었다고 말했습니다. 그래서 우리는 현재 코칭에 최소 제한 연령은 물론이고 최고 제한 연령도 없다고 이야기합니다.

10. 코칭은 낮에 하는 게 좋은가요, 밤에 하는 게 좋은가요?

확실한 것은 없지만 최적 시간에 대한 제안은 있습니다. 파티 때문에 매우 피곤하거나 엄청난 스트레스를 받고 있다면 결과에 영향을 줄 것입니다. 우리 중 대부분은 이러한 아이들과 코칭을 한 경험이 있으며, 코칭이 끝날 무렵에는 아이들이 전과 다르게 활기차거나 긍정적으로 변한 것을 볼 수 있었습니다.

11. 아이가 나를 코치로 볼 때는 내가 규제하기 어려워한다는 것을 알게 되었어요. 두 가지 역할을 병행하기 힘든가요?

불가능이란 없습니다. 이런 부모님들은 다른 자질과 함께 코칭 기술을 가지고 있습니다. 당신은 아이에게 당신을 코치로 인식하는지 묻지 않을 것이며, 따라서 규제하는 역할이 가능합니다.

12. 나는 매우 자신감이 없는 사람입니다. 게다가 아들/딸과 잘 지내지 못하며, 역할 모델이 될 수 없다는 것을 알아요.

자녀가 갈망하는 역할 모델이 누구인지 걱정할 필요는 없습니다. 당신과 자녀를 지지해 줄 많은 카드가 있으니까요. 또한 자신감에 관한 장(章)에서 장점을 발견할 수 있을 것입니다. 코칭을 점점 잘함에 따라 당신은 자신감을 갖게 될 것이고, 자신감이 생겼다고 느끼기까지 오래 걸리지 않을 것이므로 당신의 아이도 이를 알게 될 것입니다. 우리 중 아주 극소수만이 자신감에 차 있습니다.

13. 내 딸/아들이 코칭을 원하지 않아요. 사실 아이가 나를 코칭할 수 있어요.

당신과 아이 모두에게 이롭고도 놀라운 소식입니다. 코칭은 현재에 있는 사람을 보다 나은 미래로 옮기는 것입니다. 각자가 생각하는 시작점은 모두 다를 수 있습니다. 기억하세요. 어떤 분야의 최고 실력자에게도 그를 다른 수준으로 옮겨 줄 코치가 있습니다. 이러한 정보를 알려 줌으로써 아이를 격려해 보세요.

14. 슬하에 네 아이가 있는데 그들 각자를 코칭할 시간이 있을까요?

가장 큰 아이를 코칭하고 큰아이가 둘째 아이를, 둘째 아이가 셋째 아이를, 셋째 아이가 넷째 아이를 코칭하도록 격려하면 어떨까요? 이것은 당신 가족이 가족 코치가 되는 길입니다.

15. 우리 집에는 코칭을 하기에 적합한 장소가 없어요. 우리는 항상 방해받는 거 같아요.

코칭은 언제나 조용하고 특별한 장소를 필요로 하지는 않습니다. 그곳은 당신이 대화 도중 사적인 내용을 나누길 선호하는 공간일 것입니다. 그러나 대부분의 코칭 회기는 방 안이나 우리 주변의 다른 사람이 함께하는 실외 공간에서 이루어집니다. 나는 걸어가면서 코칭을 한 적도 있습니다. 걷기를 즐겨 하는 사람들은 친구, 부모, 가족과 함께하는 이러한 활동의 가치를 알 것입니다.

16. 내 남편은 학교 아이들의 축구 클럽에서 코치로 일하고 있습니다. 그가 이러한 것을 이미 알고 있을까요?

그가 스포츠를 어떻게 코칭하는지 아는 것은 작은 문제입니다. 내 사업 코치이는 그의 지역 유소년 팀을 코칭합니다. 우리는 이러한 것이 그의 배경을 가지고 병행할 수 있고 보조적인 것임을 알고 있습니다. 당신 남편은 아마도 라포를 형성하고 배우고 스트레스를 줄이는 데 신경을 덜 쓸 것입니다. 스포츠는 특별하고 그 접근 방법에 차이가 있으며 매우 가치 있는 것입니다. 그러니 남편과 당신, 아이들에게 얼마나 좋을지 상상하면 이러한 기술들은 남편의 레퍼토리 안에 첨가될 것입니다.

17. 한 아이는 아주 잘 자라는 반면에 다른 아이는 모든 것이 도전입니다. 이 책이 이렇게 차이가 있는 상황에 도움이 될까요?

얼마나 좋은 기회인가요? 당신의 자녀 중 한 명은 분명히 잘 지내고 있고, 다른 아이는 아직 그렇지 않은 것입니다. 이 책은 어떻게 성공적인 아이가 움직이는지 발견하도록 도와줄 것이며, 다른 한 아이를 지지하기 위해 어떤 기술과 전략을 개발해야 할지 알려 줄 것입니다. 성공적인 아이가 어떻게 하는지 우리에게 알려 준다면 그 사례를 소개할 수도 있습니다.

18. 우리 학교/교회에서 부모 교실을 여는데 이 책과의 차이점은 무엇인가요?

우리는 당신이 필요로 하는 모든 자원을 당신이 가지고 있다는 전제에서 출발합니다. 부모 교실은 매우 유용하고, 다른 넓은 배움을 제공할 것입니다. 우리의 경험상 그들은 문제나 공통 주제에 대한 예방을 위해 충고를 해 줄 것입니다. 부모 코칭은 자녀의 잠재력을 알 수 있도록 도와주는 것입니다. 부모 교실에도 가고 책도 읽으면 당신은 최고의 부모가 되어 있을 것입니다.

19. 양아들과 친해지기가 어렵다는 것을 알았어요. 어떻게 도와줄 수 있을까요?

이 책의 저자인 잭에게는 두 명의 양딸과 세 명의 양손주가 있습니다. 그는 정말로 그들을 사랑합니다. 그러나 20년 전 첫 번째 양딸을 만났을 때, 그는 부모 코칭이 정말 필요하다는 것을 깨달았습니다. 그들 사이의 관계는 더욱 좋아졌습니다. 라포는 모든 것의 열쇠입니다. 두 자녀의 아버지이자 손자 둘을 둔 데이비드 또한 라포가 매우 중요한 요소라는 데 동의합니다.

20. 대부분의 부모가 자녀를 어떻게 잘 통제하는지에 대해 말이 많지 않나요? 좋은 부모가 되기 위해서는 엄격함이 중요하지 않나요?

때때로 엄격함은 당신의 욕구와 자녀의 욕구를 충족시키는 원원 관계로 여겨질 수 있습니다. 기술과 지식만이 도움이 된다고 가르치는 부모 교육 교실에서는 말이지요. 라포 형성 기술을 알고, 자신감 형성을 어떻게 하는지 알며, 스트레스를 관리할 줄 알고, 학습 과정을 지지하는 코칭을 할 수 있는 부모님은 엄격하게 양육하는 부모님에 비해서 훌륭하게 부모 역할을 수행할 수 있습니다.

21. 저는 청소년인 딸과 다툼 없이는 대화를 하지 못해요. 우리 부모님은 둘이 닮았다고 하시는데, 이런 경우에도 이 책이 유용할까요?

닮았다는 것은 선물과도 같습니다. 당신과 딸, 두 사람 모두 자랑스럽고 독립적인 사람들이라면? 둘 중 한 사람이 더욱 잘 깨닫고 민감하며 대인관계 기술이 뛰어나다면? 그 사람이 당신이라고 생각해 보세요. 당신의 딸은 아마도 무의식적으로 당신을 모델로 하여 이러한 것들을 스스로 배울 것입니다. 그러고 나면 자각 있고 민감한 관계 전문가 둘이 어떻게 싸울 수 있을까요? 당신이 하는 대화는 갈수록 더욱 생산적이 될 것입니다.

 추천 도서

라포

The Way of NLP, Joseph O'Connor & Ian McDermott, Thorsons, 2001.

Influencing with Integrity, Genie Laborde, Anglo-American Book Company, 1987.

NLP and Relationships, Robin Prior & Joseph O'Connor, Thorsons, 2000.

자기 신뢰

No Ordinary Moments, Dan Millman, H J Kramer Inc., 1992.

Awaken the Giant Within, Anthony Robbins, Simon & Schuster, 1992.

The Self-Esteem Companion, McKay, Fanning, Honeychurch, & Sutker, New Harbinger Publications, 1999.

Shift Happens, Robert Holden, Hodder & Stoughton, 2000.

학습

Rediscovering the Joy of Learning, Don Blackerby, Success Skills Inc., 1996.

Brain Based Learning, Eric Jensen, The Brain Store, 1995.

Rhythms of Learning, Chris Brewer & Don G Campbell, Zephyr Press, 1991.

How to Think like Leonardo da Vinci, Michael Gelb, Thorsons, 1998.

The Five Major Pieces to the Life Puzzle, Jim Rohn, Dickinson Press, 1991.

Now, Discover Your Strengths, Buckingham M & Clifton DO, Free Press, 2001.

코칭

Personal Coaching for Results, Lou Tice, Thomas Nelson Publishers, 1997.

Effective Coaching: Lessons from the Coaches's Coach, Myles Downey, Texere Publishing, 2003.

Coaching for Performance, John Whitmore, Nicholas Brearley Publishing, 1997.

Breaking the Rules: Removing the Obstacles to Effortless High

Performance, Wright K, CPM Publishers, 1998.

Co-active Coaching: New Skills for Coaching People Toward Success in Work and Life, Whitworth, Kimsey-House & Sandahl, Davies-Black Publishing, 1998.

Living Your Best Life, Laura Berman Fortgang, Jeremy P., Tarcher/Putnam, 2002.

스트레스 조절

The Power of Now, Eckhart Tolle, Hodder & Stoughton, 2001.

Purrfect Symphony and Relaxing with Cats CDs, Jeff Moran & Jack Stewart(www.purrfectsymphony.com에서 이용 가능).

The Power of Intention, Wayne W Dyer, Hay House, 2004.

지은이 소개

David Miskimin

비즈니스 코치의 창시자인 데이비드 미스키민은 ICL, NorTel과 Reuters에서 15년 이상 고위 관리를 지낸 바 있는 경영 및 사업 코치입니다. 데이비드는 모든 계층의 사람들과 사업 팀에게 코칭하고 조언하는 일을 하고 있습니다. 그는 수석 관리자로서 이해력을 갖추고 있어 최고 경영자, 의사 및 변호사를 포함한 고위층이 훌륭히 실행하도록 도와줄 수 있습니다. 그는 수석 팀과 목표 및 방향을 정하여 실행하는 데 특히 열정을 가지고 있습니다. 그의 코칭 고객은 금융 서비스, 엔지니어링, 소프트웨어, 컨설팅 업체뿐 아니라 공공 부문도 포함되어 있습니다.

코칭 아카데미에서 교육받은 데이비드는 Coaching and Mentoring International의 창립 회원으로서 기업 코치 훈련에 기여하며 코칭 발전에 전념하고 있습니다. 그들은 데이비드에게 첫 번째 기업 코칭 프로그램 모듈인 상호 이해에 대한 기고를 의뢰했습니다. EEF(엔지니어링, 제조 및 기술 기반 사업을 위한 영국 단체)는 데이비드에게 Leadership & Management Diploma를 위하여 관리와 동기 부여 프로그램 및 모듈에 대해 기고하여 회원들에게 전달해 달라고 의뢰했습니다. 그는 다른 프로그램들도 지속적으로 전달하고 있습니다.

공인 트레이너이자 컨설턴트, 코치인 데이비드는 LCA, MCLC, 영국 심리학 학회 A와 B 과정을 이수하였고, Assoc CIPD 자격증을 보유하고 있으며, Myers

Briggs and 16PF 전문가이자 국제적으로 공인된 NLP 전문가입니다. Dale Carnegie Organisation에서 훈련받은 데이비드는 뛰어난 실행과 인간관계 상을 받았습니다. 평생학습을 위해 헌신한 데이비드는 현재 Corporate Coaching Practitioner Diploma(석사 과정)의 노블 맨해튼 코칭 대학원을 맡고 있습니다.

인기 있는 기조 연설자인 데이비드는 머지사이드와 맨체스터의 BBC 라디오 스토크에서 인터뷰와 전화 코칭을 하고 신문 정규 칼럼도 쓰고 있습니다. 그는 잭 스튜어트와 함께 젊은 사회 구성원들에게 그들의 재능을 깨닫는 방법을 제공하고 있습니다.

데이비드는 로라와 결혼하여 슬하에 두 딸 니콜과 앤-마리를 두고 있으며, 마커스와 에이든이라는 손자도 있습니다. 그에게 연락하려면 david@thedirectorscoach.com으로 이메일을 보내십시오.

Jack Stewart

잭 스튜어트(BA, MSc, FCIPD 보유)는 공공 및 민간 자원 부문에서 트레이너, 개발자로서 오랜 세월을 보냈습니다. 그는 훈련 프로그램과 팀을 결성하고 수천 명의 경영자, 교사, 관리자, 어린이, 감독자 및 직원들을 위한 다른 '중재 방안'을 설계하고 실행했습니다.

그의 연구에 대한 관심은 지방 정부에서 선도적인 변화의 개인적인 경험을 통하여, 1997년 고어와 함께 『공공 서비스에서의 학습 기관(The Learning Organization in the Public Services)』의 공동 저자로서 출판하였습니다.

1995년 '조직적 치유(Organizational Healing)'를 설립한 이후, 잭은 NLP 전문가와 전문가 석사 과정의 운영 및 프랜차이징 등 여러 가지 변화를 주었습니다. 그는 학교 내 NLP 기반 프로그램을 설계하고 운영했습니다. 또한 Walsall LEA가 주최하는 연초 연례 회의에서 연설을 했습니다. 데이비드 미스키민과의 협력은 그가 이제 국내적·국제적으로 부모들을 도울 수 있다는 것을 의미합니다.

잭은 심리치료와 코칭 실행을 가지고 6년 전 개인적인 자기 계발 분야 잡지인 「마법의 램프(Magic Lamp)」(현재 온라인)를 출간했습니다. 그는 슈루즈버리타운 풋볼클럽과 워링턴울브스 럭비리그클럽의 컨설턴트로서 선수들이 정신적인 면에서 게임에 더욱 숙련되도록 도와주었습니다.

1995년 전까지 잭은 인사 관리의 수석 강사 겸 CIPD 심사관이었고, 개방대학 MBA 과정에서 전략적 관리를 가르쳤습니다.

2004년 9월, 제프 모런과 공동으로 독특한 Purrfect 교향곡 CD를 제작했습니다. 그는 현재 영적 교사로서 자신의 능력을 계발하고 있으며, 최근에는 조그만 보육 사업을 시작했습니다.

잭은 앤과 결혼하여 슬하에 두 딸 캐런과 재닛(양녀) 그리고 세 손자 제임스, 니콜라, 조시가 있습니다. 잭의 이메일 주소는 jack@organisationalhealing.org 입니다.

리더 교사와 아이를 위한 맞춤형 성격 코칭 프로그램

🌳 프로그램의 특징
[Mosaic9 교사 코칭]은 숙명여대 이소희교수가 "깨어 있어 지혜로운 비전의 교사"로 행복한 삶을 살 수 있도록 에니어그램과 코칭을 통합하여 창의적으로 개발한 프로그램입니다.

🌳 프로그램의 목적
[Mosaic9 교사 코칭]은 에니어그램을 통해 교사와 아이의 성격적 특성을 이해하고, 코칭의 철학을 기반으로 핵심코칭기술과 COACH② 대화모델을 활용하여 교사-아이의 관계적 성장을 촉진할 수 있는 교사코칭역량을 강화하는 것을 목적으로 합니다.

序막 : [Mosaic9 교사 코칭]으로의 초대

▶ 2일 과정으로 진행됩니다.
▶ 문의 : 한국창의인성코칭센터
   E-mail : cc-coaching @ cc-coaching.org / TEL : 031-711-9478

리더 부모와 자녀를 위한 맞춤형 성격 코칭 프로그램

🍄 프로그램의 특징

[Magic9 부모 코칭] 은 숙명여대 이소희교수가 "깨어 있어 지혜로운 비전의 부모"로 행복한 삶을 살 수 있도록 에니어그램과 코칭을 통합하여 창의적으로 개발한 프로그램입니다.

🍄 프로그램의 목적

[Magic9 부모 코칭]은 에니어그램을 통해 부모와 자녀의 성격적 특성을 이해하고, 코칭의 철학을 기반으로 핵심코칭기술과 COACH❷ 대화모델을 활용하여 부모-자녀의 관계적 성장을 촉진할 수 있는 부모코칭역량을 강화하는 것을 목적으로 합니다.

序막 : [Mosaic9 부모 코칭]으로의 초대

 I막 _ *Match* = 깨어 있는 부모

1장 : 부모의 양육 특성
2장 : 중립 언어기술의 연습

 II막 _ *Awake* = 자녀의 마음을 여는 부모

1장 : 자녀의 9가지 성격 특성의 이해
2장 : 온전한 경청기술의 연습

 III막 _ *Grow* = 자녀와 통(通)하는 부모

1장 : 부모-자녀의 성격특성과 동기
2장 : 따뜻한 인정축하기술 연습

 IV막 _ *Imagine* = 자녀의 생각을 여는 부모

1장 : 부모와 자녀의 강점
2장 : 깨닫는 질문기술의 연습

 V막 _ *Coaching* = 자녀의 멋진행동을 여는 부모

1장 : Stop-Think-Do로 멋진 행동 이끌기
2장 : 유익한 피드백 기술의 연습
3장 : 코칭하기

▶ 2일 과정으로 진행됩니다.
▶ 문의 : 한국부모코칭센터
   E-mail : parentcoaching@empal.com / TEL : 02-704-5477

'행복한 비전의 삶'으로 이끄는 비전에니어그램 프로그램

🌳 프로그램의 특징

비전에니어그램은 숙명여대 이소희 교수가 에니어그램의 지혜로 '행복한 비전의 삶'을 살고 또 전하기 위하여 전문가를 양성하기 위한 프로그램입니다.

🌳 프로그램의 목적

비전에니어그램은 에니어그램을 통하여 자신에 대해 심층적으로 파악하고 자신의 성격적 강점을 활용하여 부모 자녀, 원장과 교사, 교사와 아이 등 여러 관계와 일상생활에서 보다 실질적이고, 현실적으로 나와 타인을 이해하고 그에 맞춰 상호작용하는데 도움을 제공하는 것을 목적으로 합니다.

비전에니어그램으로의 초대

비전에니어그램교육연구소
www.visionenneagram.co.kr

비전에니어그램 교육과정

과정	세부과정과 내용	검사	시간
	에니어그램으로 깨닫는 나		
베이직	비전에니어그램의 배경과 구조 중심에너지 아홉 가지 성격유형 날개 성장방향(해피 포인트) 후퇴방향(스트레스 포인트)	비전에니어그램 : 아홉 가지 성격유형 검사	1일 10시간
	에니어그램으로 더욱 성장하는 나		
플러스	세 가지 하위유형 하모닉&호비니언 그룹 발달 수준 중심유형별 방어 기재 중심유형별 역설	비전에니어그램 : 세 가지 하위유형 검사 비전에니어그램 : 발달 수준 검사	1일 10시간
	에니어그램으로 함께 성장하는 우리		
티치&코치	A코스	에니어그램으로 들어가는 부모와 자녀관계	각 코스별 2일 20시간
	B코스	에니어그램으로 들어가는 부부관계	
	C코스	에니어그램으로 들어가는 학생과 선생님관계	
	D코스	상담과 치료에서의 에니어 그램 수퍼비전	

▶ 1일 과정으로 진행됩니다.
▶ 문의 : 비전에니어그램교육연구소
　 E-mail : visionennea9@ korea.com / TEL : 031-711-9478

엣지있는 엄마가 반한
45가지 코칭가이드

초판인쇄 2012년 11월 1일
초판발행 2012년 11월 5일

지은이 David Miskimin · Jack Stewart
옮긴이 이소희 · 박성은
펴낸이 박찬후
펴낸곳 북허브
등록일 2008. 9. 1

주소 서울시 구로구 구로2동 453-9
전화 02-3281-2778
팩스 02-3281-2768
e-mail book_herb@naver.com
    http://cafe.naver.com/book_herb

＊잘못된 책은 구입하신 서점에서 바꾸어 드립니다.

값 15,000원
ISBN 978-89-94938-07-3(03370)